Liebe Leserinnen und Leser,

am 31. Oktober 2017 jährt sich zum 500. Mal de[...] [...] dem der Augustinermönch Martin Luther seine Thesen zu Buße und Ablass veröffentlichte. Luther löste einen Sturm von Aufruhr aus, der über Europa fegte und die Lebensverhältnisse einschneidend veränderte. Wie, das ist in vielen mitteleuropäischen Städten (siehe die Karte auf der gegenüberliegenden Seite) heute noch zu besichtigen.

Die Reformation hat das Abendland entscheidend geprägt. Ihretwegen wurden wir nach und nach zu Individualisten. Wir schätzen die Freiheit der Rede, wir respektieren Gewissensentscheidungen, wir mögen keine religiöse Bevormundung. Die Reformation steht am Anfang der weltweit beispiellosen europäischen Freiheits-, Bildungs- und Wissenschaftsgeschichte. Ohne sie ist die Moderne, sind wir Europäer nicht zu verstehen.

Machen Sie sich auf die Suche nach diesen Anfängen der Neuzeit. Die Evangelische Verlagsanstalt Leipzig gibt Ihnen hierfür eine neue Magazinreihe an die Hand: Orte der Reformation. Das erste Heft dieser Reihe führt nach Nürnberg. Hier kommen ausgewiesene Kenner der fränkischen Regionalgeschichte zu Wort. Ein Kirchenhistoriker erklärt, warum selbst die konservativen Stadträte damals bei der Erneuerung mitmachten (▸ S. 40). Eine Spezialistin für die Geschichte der Frauen erzählt von Nürnberger Frauenschicksalen (▸ S. 68). Und ein Innenstadtdekan führt Sie kundig durch alle Stadtkirchen (▸ S. 76).

Besonderer Dank gilt Kirchenrat a. D. Hartmut Hövelmann für die inhaltliche Betreuung des Magazins und Regionalbischof Dr. Stefan Ark Nitsche, der diese Ausgabe ermöglicht hat.

Vielleicht macht Sie die Lektüre neugierig auf Nürnberg und Sie nutzen das Heft zur Reisevorbereitung. Viele Anregungen beim Lesen wünscht Ihnen

Ihr
Burkhard Weitz
Redakteur

Inhalt

12 Stadtführung

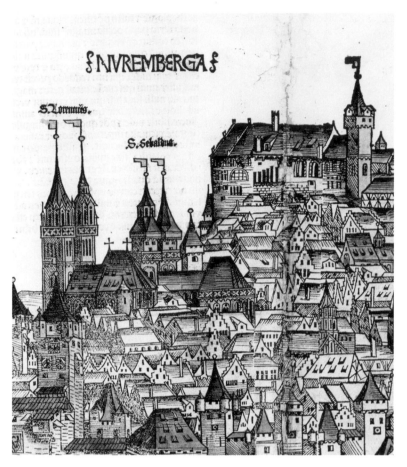

FREIE STADT — *selbstbewusst prangt das Stadtwappen am Südportal des Alten Rathauses: mit Reichsadler und Schrägbalken silber und rot.*

KULTURSTADT — *Zauberstimmung auf dem Luitpoldhain. Ende Juli, Anfang August konzertieren die städtischen Symphoniker und Philharmoniker open air vor bis zu 100 000 Gästen.*

MITTELALTERSTADT — *Im Zweiten Weltkrieg brannte Nürnberg fast vollständig nieder. Einige Straßenzüge wurden rekonstruiert wie hier in der Weißgerbergasse.*

Willkommen in Nürnberg

Toleranz, Bibel, Bild

Im Jahr 2017 feiern die Protestanten ihr 500. Reformationsjubiläum. Bis dahin stellen sie jedes Jahr unter ein anderes Motto. »Reformation und Toleranz« heißt es 2013, ein passendes Themenjahr für die »Freie Reichsstadt«. 2015 folgt »Bild und Bibel«. Nürnberg tritt als Drucker- und Medienstadt hervor. Ohne Buchdruck keine Reformation. Als Beispiel für eine städtische Reformation zeigt etwa das Germanische Nationalmuseum anhand von historischen Zeitzeugnissen die Geschichte Nürnbergs. Die Stadt Nürnberg unterstützt die Aktivitäten der Reformationsdekade.

Congress- und Tourismuszentrale, Postfach 4248, 90022 Nürnberg, Tel.: 0911 / 23 36-0, E-Mail: tourismus@nuernberg.de, Internet: www.tourismus-nuernberg.de.

Kartenverkauf in allen Vorverkaufsstellen, in Bahnhofsnähe etwa die Kultur Information (K 4), Königstraße 93, 90402 Nürnberg, geöffnet Montag bis Freitag 9 bis 19 Uhr, Samstag 9 bis 16 Uhr, Tel.: 0911 / 231 40 00, www.kubiss.de/kultur/info

»Häfala«
»*Madla*«
»*Weggla*«
»*aweng*«

Aweng ins Wirtshaus

Dialekt spricht, wer nicht »neigschmeckt« ist. Nürnberger hängen den Wörtern gern ein verkleinerndes »la« an. Der Bursche ist ein »Börschla«, das Mädchen ein »Madla«, der Wecken ein »Weggla«, der Topf ein »Häfala«. Und dann gibt es noch das Wörtchen »aweng«. Man geht »aweng ins Wirtshaus«, telefoniert »aweng« oder »awengala« mit der Freundin.

Infolge seiner Insolvenz kam Nürnberg 1806 an Bayern. Die Preußen hatten eine Annexion nach einem genaueren Blick in die Kasse zum Kummer der evangelischen Stadt abgelehnt. Aus Protest sprach die Prominenz bei jeder öffentlichen Gelegenheit Dialekt, auch als der bayerische König zu Besuch kam. In Nürnberg ist die Mundart daher nicht Sprache der kleinen Leute. Historiker sagen sogar, im Dialekt lebe das reichsstädtische Selbstbewusstsein fort. Viel mehr als der Dialekt war ja auch nicht geblieben.

Bescheidenheit ist eine Zier

Verglichen mit dem Münchner ist der Nürnberger ein bescheidener Mensch. Geht der Münchner auf den Viktualienmarkt, verlangt er selbstbewusst einen Sellerie. Im sicheren Wissen um sein Geld und seine Bedeutung als Kunde trägt er ihn heim. Der Nürnberger dagegen sucht seinen Lieblingsstand auf dem Hauptmarkt auf und spricht den Händler an »Gell, an Sellerie hams net?« Freilich hat der einen Sellerie! Mit vollem Händlerstolz verkauft er ihn an seinen Stammkunden. Dankbar, als sei er gerade völlig unerwartet beschenkt worden, trägt der das Gemüse heim. Oder er geht zum Käsestand nebenan und fragt »Gell, an Camembert hams net?« ...

Gewürz und Honig

Lebkuchen gehören zu Nürnberg wie der Stollen zu Dresden oder der Handkäs zu Mainz. Man genoss sie schon einige Jahrhunderte vor der Reformation. Um sie herzustellen, benötigt man vor allem Gewürze und Honig. Das reichsstädtische Nürnberg war groß im Handel mit exotischen Gewürzen. Zudem waren Zeidler (Imker) vor der Stadt in großem Stil am Werk, so dass man auch reichlich Honig hatte (Zucker war sehr teuer). So kam der Lebkuchen zu Nürnberg. Das Gebäck wurde ganzjährig produziert, nicht nur zur Weihnachtszeit. Lebkuchen galten als Leckerei – und als Arznei. 1395 trennte der Rat die Lebküchner von den Bäckern. Es gab fortan 14 Lebkuchenhäuser. 1487 verteilte Kaiser Friedrich III. anlässlich des in Nürnberg tagenden Reichstags kleine Lebkuchen an die Kinder der Stadt. Als »Kaiserlein« werden sie bis heute gebacken. Echte »Elisenlebkuchen« gehen heute in alle Welt.

STADTFÜHRUNG

Ein Gang durch Nürnbergs historisches Zentrum zu den Stätten der Reformation. Und Hintergründiges: zum Albrecht-Dürer-Haus, zum Hauptmarkt und am Denkmal von Hans Sachs. Dazu: Gastrotipps mit Mittelalterflair

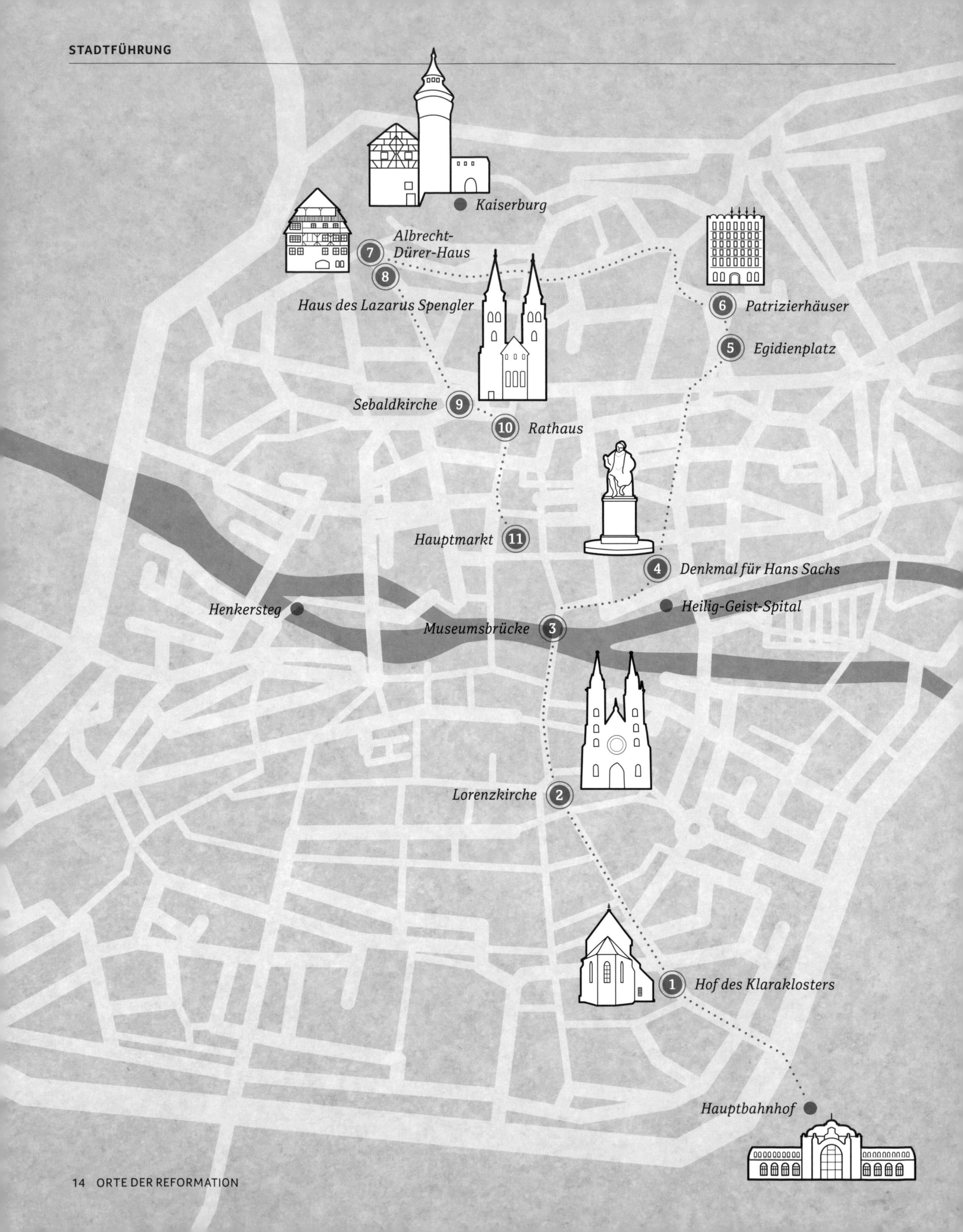

Kaiserburg

Albrecht-
Dürer-Haus

7

8

Haus des Lazarus Spengler

6 Patrizierhäuser

5 Egidienplatz

Sebaldkirche 9

10 Rathaus

Hauptmarkt 11

4 Denkmal für Hans Sachs

Henkersteg

Heilig-Geist-Spital

Museumsbrücke 3

Lorenzkirche 2

1 Hof des Klaraklosters

Hauptbahnhof

Auf den Spuren der Reformation

Was hat der Christkindlesmarkt mit Martin Luther zu tun?

—

VON INGRID HINGLER

Stellen wir uns Nürnberg um 1500 vor, eine Stadt, von der Martin Luther sagte, sie sei »das Auge und Ohr Deutschlands«. Nürnberg ist ein Zentrum des mitteleuropäischen Humanismus, mit so herausragenden Persönlichkeiten wie Willibald Pirckheimer, der sich um die Rezeption des römischen Rechts in Deutschland verdient machte – einem Freund Albrecht Dürers. Wie dem Dichter Conrad Celtis und dem Universitätsreformer und Diplomaten Christoph Scheurl. Sie alle suchen Antworten auf religiöse Fragen ihrer Zeit, verbinden Religion mit persönlicher Moral und setzen sich für die Freiheit der Wissenschaften ein.

(1) Unser Rundgang beginnt im Hof des Klaraklosters. Die Äbtissin Caritas Pirckheimer ist eine hochgebildete Frau, die brieflichen Kontakt mit dem wohl bedeutendsten Humanisten ihrer Zeit, Erasmus von Rotterdam, unterhält, wie auch mit vielen anderen Geistesgrößen. Pfleger des Klosters, also »besitzrechtlicher« Leiter, ist Kaspar Nützel, der noch 1522 alle Klosterprivilegien bestätigt. Doch nach der Einführung der Reformation in Nürnberg (1525) werden die franziskanischen Beichtväter abgezogen und durch Anhänger der neuen Lehre ersetzt. Caritas wehrt sich heftig und beklagt sich in vielen Schreiben über die Repressionen des Rates gegen das Kloster. So ersucht sie zum Beispiel den Klosterpfleger, er möge dem Rat nahelegen, sein Gewissen nicht dadurch zu belasten, dass er die Nonnen zu einem Beichtvater zwingt, zu dem sie kein Vertrauen hätten, zumal sie nicht ohne Beichte zum Sakrament gehen könnten. Da Gott das Gewissen frei haben wolle, »könne sie auch

◄ S. 13
Henkersteg über der Pegnitz in Nürnberg

nicht glauben, das es dem almechtigen Got gefallt, do ain christen mensch das ander bezwingen will zu den dingen di sel antreffent, besund in tods notten« (▸ S. 68).

② Wir gehen nun an dem damals neu errichteten Kornspeicher vorbei und stehen gleich vor der Lorenzkirche. Innen betrachten wir die Handwerkerstühle, die eine Folge des neuen Almosenwesens sind. Seit der Rat im Zuge der Reformation Bettelei verboten hat, erhalten die Almosenstiftungen eine neue Funktion. Sie werden ein Instrument der öffentlichen Fürsorgepolitik, die nun im Begriff ist, ein erstes »Sozialamt« auszubilden: das Almosenamt. Der Klerus wird verweltlicht, künftig bestellt der Rat die Prediger ein und besoldet sie. Auch sie müssen von nun an Abgaben zahlen.

Nachdem wir die Kirche wieder verlassen, gehen wir zu der Stelle des ehemaligen Hauses des Kaspar Nützel hin, wo sich jetzt Karstadt befindet. Er ist seit 1502 Mitglied des inneren Rates, ab 1514 Pfleger des Klarissenklosters (siehe oben), in das seine Tochter 1519 eintritt. Ab 1519 setzt er sich stark für die Sache Martin Luthers ein, über-

setzt im selben Jahr dessen 95 Thesen ins Deutsche und legt diese Dr. Christoph Scheurl vor, vormals Wittenberger Professor und nun Ratskonsulent in Nürnberg.

③ Nach wenigen Schritten sind wir auf der Museumsbrücke, von der aus wir rechter Hand das Heilig-Geist-Spital sehen, eine Stiftung eines Nürnberger Patriziers von 1339. Schon von Anfang an für 200 alte und alleinstehende Leute ausgerichtet und mit sechs Priesterstellen versehen, hat diese »Multifunktionseinrichtung« in den ersten Jahren noch keinen Arzt. Und sie ist neben St. Lorenz, St. Sebald und St. Egidien auch einer der vier Standorte für Lateinschulen in Nürnberg. Für das Spital und seine Insassen werden mehrmals Ablassbriefe ausgestellt. So erlaubt zum Beispiel Papst Eugen IV. im Butterprivileg von 1444, dass man gegen eine Spende von einem oder zwei Groschen während der Fastenzeiten Butter essen darf.

④ An der Hausecke der Apotheke gehen wir nach rechts, bis wir nach einigen Metern auf der linken Seite das Denkmal für Hans Sachs erblicken. An sein ehemaliges Wohnhaus erinnert ein Schild in der Nähe. Sachs ist ein starker Befürworter der neuen Lehre, wie man aus seinen Schriften ersehen kann, z.B. in der Wittenbergisch Nachtigall (▸ S. 32):

»mit Münnich, Nonnen, Pfaffen werden,
mit Kutten tragen, Kopf bescheren,
Tag und Nacht in Kirchen plärren,

◀
Lorenzkirche in der Sichtachse der Fußgängerzone

▶
Blick von der Museumsbrücke auf das Heilig-Geist-Spital an der Pegnitz

Hier am Egidienplatz entstand ein völlig neuer Schultyp: das humanistische Gymnasium.

Metten, Prim, Terz, Vesper, Komplet,
mit Wachen, Fasten, langem Bet,
mit Glocken läuten, Orgel schlagen,
mit Kerzen, Heiltum, Fahnen tragen,
in Klöster schaffen Rent und Zinst –
dies alles heißt der Papst Gottsdienst,
spricht, man verdient damit den Himmel
und löst mit ab der Sünden Schimmel.
Ist doch alls in der Schrift ungründ,
eitel Gedicht und Menschenfünd!«

(5) Wir gehen die Straße hoch, überqueren die Theresienstraße und kommen auf den Egidienplatz. Dort wird während der Reformation der Grundstein für die Schulreform in Nürnberg gelegt.

Bis zur Reformation bleibt die höhere Bildung einer kleinen, vorwiegend geistlichen Elite vorbehalten. Die Lehre Luthers macht nun jeden selbst für sein Seelenheil verantwortlich und erfordert daher die Gründung neuer Bildungseinrichtungen. Am 22. Mai 1526 gibt der Rat die Eröffnung der humanistischen Schule allen Bürgern bekannt und fordert die »christlich frommen Eltern« auf, ihre Kinder kostenlos in diese Schule zu schicken, damit die Jugend nicht dem Müßiggang verfalle. Philipp Melanchthon verfasst die Schulordnung und eröffnet damit das erste Gymnasium in Deutschland.

Die wesentliche Neuerung des humanistischen Schulwesens, die bereits in den städtischen Schreib- und Rechenschulen eingeleitet worden ist, liegt in der Ausgliederung der höheren Schule aus dem Zusammenhang von Kloster, Dom und Kirche. Diese neuen Schulen tragen die Bezeichnung Gymnasium, sofern sie einen vollständigen Kursus in den »humanistischen« Fächern, vor allem Griechisch und Latein, anbieten. Anders als die mehr Praxis bezogenen städtischbürgerlichen Primarschulen bieten nur Gymnasien Zugang zur Universität und damit zu höheren Kirchen- und Verwaltungsämtern (▸ S. 56).

(6) Wenn wir uns nun umdrehen, stehen wir vor großen Patrizierhäusern. In der Reformationszeit befindet sich in einem davon Anton Kobergers Werkstatt. Der Verleger und Druckereibesitzer ist Albrecht Dürers Patenonkel. Er beschäftigt im Jahr 1500 bereits 100 Drucker, die an 24 Pressen arbeiten.

Bekannte Werke aus Kobergers Herstellung sind zum Beispiel die »Schedelsche Weltchronik«, eine Art illustrierte Enzyklopädie, die die Geschichte der Welt in Zeitaltern darstellt. Sie entstand, noch während Christopher Kolumbus' erster Entdeckungsfahrt über den Atlantik. Auch der »Hexenhammer« wurde hier gedruckt. Er präsentiert die damals herrschenden Ansichten über vermeintliche Hexen im Überblick, begründet sie mit einer vermeintlich wissenschaftlichen Argumentation und formuliert Regeln zur Hexenverfolgung.

◀
Melanchthonstatue auf dem Egidienplatz. Hier war bis 1911 das Melanchthon-Gymnasium untergebracht.

▶
Nachkriegsbau Pellerhaus: Vom Renaissance-Patrizierhaus sind im Hof Reste zu sehen.

kus: »De Revolutionibus Orbium coelestium. Libri VI« (Über die Drehung der Himmelskörper). Wenn das nicht revolutionär ist!

(7) Am Ende der Straße kommen wir zum Tiergärtnertorplatz. Wenn wir uns hier ein bisschen umsehen, fällt uns ein schönes, großes Fachwerkhaus mit einem gewaltigen Giebel auf. 1509, nach seiner zweiten Italienreise, kauft Albrecht Dürer dieses Gebäude. Auch er begrüßt die neue Lehre. 1523 malt er das »Abendmahl«, ein deutlich reformatorisches Bild: Judas fehlt. Dürer deutet es als Liebes- und Gemeinschaftsmahl im Sinne der frühen Abendmahlsschriften Luthers. Rechts unten sieht man Brotkorb und Weinkanne: Hinweise auf ein wirkliches Mahl, bei dem alle aßen und tranken. Kelch und Schüssel verbinden die historische Szene mit der eigenen Zeit durch das Sakrament. Gereicht wird das Abendmahl »in beiderlei Gestalt«, wie spätestens seit Weihnachten 1524 in Nürnberg üblich. Damals nimmt die Schwester Karls V. auf der Burg das Abendmahl in dieser Form an. Karl V. äußert später bedauernd: »Oh, hätte ich nie diese Schwester gehabt.«

Ähnlich bedauernd mutet Dürers Klage um Luther auf seiner Niederländischen Reise an. »O Gott, ist Luther tot, wer wird uns hinfürt das heilig Evangelium so klar fürtragen! Ach Gott, was hätt er uns noch in 10 oder 20 Jahren schreiben mögen! O ihr alle fromme Christenmenschen, helft mir fleißig beweinen diesen gottgeistigen Menschen und ihn bitten, daß er uns ein andern erleuchteten Mann send«... (▸ S. 24).

Mit 21 Druckereien ist Nürnberg *die* Medienstadt dieser Zeit, und zu keiner anderen Zeit wird mit gedruckten Werken mehr Revolution gemacht! Nur durch den massenhaften Druck der »Flugschriften« – der »Bildzeitung« der damaligen Zeit – ist die schnelle Verbreitung der guten wie zerstörerischen Ideen möglich (▸ S. 60).

Wir gehen die schmale Gasse am oberen Ende des Egidienplatzes nach links, überqueren die Tetzelgasse und gehen die Schildgasse entlang, bis wir in die Burgstraße kommen.

Wir werfen einen Blick die Straße hinauf und hinunter. Hier stehen zu Beginn des 16. Jahrhunderts die Häuser von berühmten Nürnbergern. Hier wohnten der Ratskonsulent Christoph Scheurl, Hartmann Schedel (Verfasser der Schedelschen Weltchronik), der Kirchenpfleger, Patrizier und Dürervertraute Sebald Schreyer, der Maler und Meister des Holzschnittes Michael Wohlgemut, und der Künstler Albrecht Dürer: alle Mitglieder des Humanistenkreises.

Wir überqueren die Straße und halten vor dem Fachwerkhaus, in welchem sich damals die Druckerei von Johann Petreius befindet. Hier erscheint 1543 die Schrift von Nikolaus Koperni-

⑧ Neben dem Dürerhaus, zwei Häuser weiter, befindet sich in der damaligen Zistelgasse (heutige Albrecht-Dürer-Gasse) das Haus des Lazarus Spengler (▶ S. 55). Der Ratsschreiber greift mit seiner »Schutzred und christenliche antwurt ains erbarm liebhabers götlicher warhait der hailigen geschrifft« 1519 als erster Laie in den schriftlich geführten Kampf um Luther ein und gerät damit in den päpstlichen Bann. Er nimmt als Gebannter 1521 am Wormser Reichstag teil, wo der päpstliche Legat Hieronymus Aleander den Eindruck gewann, der Nürnberger habe Reue gezeigt.

⑨ Wir gehen die Bergstraße hinunter am Albrecht-Dürer-Denkmal vorbei und treffen auf die Sebalduskirche, die andere Hauptkirche von Nürnberg. Über dem Marienportal finden wir sowohl Verkündigung, Marientod und Marienkrönung als auch (darüber) die Figuren Philipp Melanchthons und Martin Luthers. Vielleicht ist dies ein einfaches Beispiel von religiöser Toleranz und Gemeinsamkeit. Wir betreten die Kirche, sinken nach diesem langen Weg ermattet auf eine Bank und danken dem Reformator Martin Luther für die Einführung von Kirchbänken!

Im Gegensatz zum Zürcher Reformator Huldrych Zwingli und den Schwärmern lässt Luther keinen Bildersturm zu. Gute christliche Bilder können zur Veranschaulichung des wahren Glaubens dienen. Dieser Haltung verdanken die Kirchen Frankens die Erhaltung ihrer vielen kostbaren Altäre und Bilder. So ist es auch keineswegs überraschend, dass sich in den Nürnberger Kirchen auch noch Reliquien befinden (▶ S. 78, Reformatoren und lehrreiche Kunst).

⑩ Nachdem wir genug gestaunt und uns erholt haben, verlassen wir die Sebalduskirche, gehen um sie herum und stehen vor dem Rathaus. Hier finden 1525 dreitägige Religionsgespräche statt. Deren Ergebnis im April 1525 gipfelt in der Anordnung des Rates, die Einheitlichkeit der lutherischen Predigt zu gewährleisten, während der alte Messkanon verboten wird: also ein Sieg der proreformatorischen Partei (▶ S. 44)!

⑪ Ein paar Meter weiter in Richtung Hauptmarkt beginnt von rechts die Augustinerstraße, in der wir unschwer ein Parkhaus erkennen. Dort steht zu Luthers Lebzeiten das Augustinerkloster,

Als Erster beschenkte Martin Luther seine Kinder zu Weihnachten. Aus dem Brauch entstand der Christkindlesmarkt.

von dem aus die Reformation in Nürnberg ihren Ursprung nimmt. Hier weilt Luther dreimal. An der Ecke der damals nur sieben Meter breiten Straße befindet sich das Haus der Familie Pirckheimer, in dem sowohl Luther als auch Melanchthon wiederholt zu Gast sind. Im 19. Jahrhundert wird das Lutherstübchen ausgebaut und auf die Wartburg verbracht.

Nicht weit entfernt residiert am Hauptmarkt die Familie Schopper-Behaim. Von dort werden bis zur Einführung der Reformation in Nürnberg an jedem zweiten Freitag nach Karfreitag dem Volk die »Heiltümer« gewiesen, womit ein Generalablass, Straffreiheit und ein großer Markt verbunden sind. In diesem Zusammenhang malt Dürer im Auftrag des Rates die Kaiserbilder.

Martin Luther fängt an, seine Kinder zu Weihnachten (Adam und Eva, 24. Dez.) zu beschenken. Bis dahin waren St. Nikolaus und die Weisen aus dem Morgenland die Gabenbringer. Der Brauch setzt sich in den evangelischen Gebieten Deutschlands durch. Aus ihm entsteht der Christkindlesmarkt, gefeiert jährlich zur Vorweihnachtszeit hier auf dem Marktplatz.

Der Eindruck bleibt: Die Reformationszeit hatte eine große Bedeutung sowohl für das damalige Nürnberg als auch für unsere Gegenwart. Auf vielfältige Weise gibt Nürnberg Zeugnis für den Umbruch an der Wende zur Neuzeit. •

▶ **INGRID HINGLER**
ist Gästeführerin in Nürnberg.

◀
Christkindlesmarkt, Hauptmarkt mit Frauenkirche zur Weihnachtszeit

▶
Eine von vierzig bemalten Figuren des Schönen Brunnens auf dem Hauptmarkt in Nürnberg

Bekenner oder Skeptiker?

Albrecht Dürer malte für die Reformation,
sein Verhältnis zu ihr war aber ambivalent.
—

VON THOMAS SCHAUERTE

Tiergärtnertorplatz
mit Blick auf das
Albrecht-Dürer-Haus

Der größte deutsche Künstler (1471–1528) wuchs im Schatten eines der bedeutendsten Gotteshäuser Frankens auf: der Sebalduskirche, die gemeinsam mit der Burg die südliche Altstadt Nürnbergs beherrscht und ihren überwältigenden Kunstbesitz bis heute weitgehend bewahrt hat. Vor allem die tiefe Gläubigkeit seiner Eltern, die bei der Mutter fast bigotte Züge hatte, dürfte neben der kirchlichen Prägung der Schulen und Lehrstoffe dafür gesorgt haben, dass der junge Albrecht Dürer das Gotteshaus häufig, zeitweilig vielleicht sogar täglich besuchte.

Hier wird dem Kind der Goldglanz der unzähligen Skulpturen und der Schimmer kostbarer Tafelbilder über manch lange Predigt hinweggeholfen haben. Hier auch konnte er Kunstwerke von gänzlich anderer Art bewundern, als sie in der Goldschmiedewerkstatt seines Vaters hergestellt wurden. Dort hatte Albrecht der Ältere den Dreizehnjährigen zunächst als Goldschmiede-Lehrling aufgenommen.

In diese Zeit fallen auch mehrere Aufträge für Ausbesserungen an Kirchengerät an den älteren Dürer, und vielleicht war der junge Albrecht so in Berührung mit der kirchlichen Kunstpflege unter dem angesehenen Patrizier und Kirchenpfleger Sebald Schreyer gekommen.

Jedenfalls trifft der angehende Goldschmied Dürer 1486 die bemerkenswerte Entscheidung, die väterliche Werkstatt zu verlassen, um bei Michael Wolgemut Malerlehrling zu werden. Dort sind es in jenen Jahren vor allem der Katharinenaltar für St. Lorenz, der den Betrieb in der Großwerkstatt dominiert, später die Hunderte von Holzschnitten für die berühmte »Schedelsche Weltchronik« von 1493.

Für beide Werke wird Dürers Mitarbeit angenommen.

Dies würde dann schon früh eine entscheidende Weichenstellung für sein späteres Schaffen bedeuten. Es ruhte im wesentlichen auf drei Pfeilern: der Tafelmalerei, der Druckgrafik und dem Buch.

Vor allem für Dürers geistigen Werdegang sind die beiden letzteren Schaffensbereiche wichtig. In ihnen kommt sein lebenslanges Bemühen um Teilhabe an einer der bedeutendsten Fortschrittsbewegungen der europäischen Geistesgeschichte zum Ausdruck: am Humanismus, der einem bislang weitgehend biblisch fundierten Menschenbild die Humanitätsideale der römischen und griechischen Antike an die Seite stellt. Voraussetzung war eine neue, wissenschaftlich anspruchsvolle Auseinandersetzung mit den antiken Texten, die zugleich eine veritable Bildungsreform mit sich brachte.

Aus Dürers Erfahrungen mit Druck, Illustration und Vertrieb von Büchern heraus war es nur konsequent, dass die Humanisten zu den Hauptadressaten seiner anspruchsvollen Kupferstiche werden sollten. Zwei von ihnen – Sebastian Brant und Konrad Celtis – lernte er bereits früh kennen und erfuhr Freundschaft und enge Zusammenarbeit mit den berühmten Literaten.

Auch wenn also über Kindheit und Jugend des Künstlers nicht immer die wünschenswerte Dichte an gesicherten Fakten existieren: An einer Erziehung in tiefster Gottesfurcht in Verbindung mit einem pflichtstrengen

Dürer mit Pelzkragen, Selbstportrait von 1500

Arbeitsethos lässt sich kaum zweifeln. Beides sollte für sein gesamtes Leben und Schaffen bestimmend bleiben. Hinzu kommt die frühzeitige Berührung mit dem Humanismus – der zugleich zu den entscheidenden Voraussetzungen für Luthers Bibelübersetzung und die Reformation zählt.

Aufbruch und Begeisterung

Als sich Martin Luther im Oktober 1518 für seine 95 Thesen vor Kardinallegat Cajetan in Augsburg verantworten musste, tat er das gewissermaßen von Nürnberg aus, wo er auf der Hinwie auf der Rückreise Station machte. Hier wurde er begeistert aufgenommen, durch die »Sodalitas Staupitiana« war man über alle Fortschritte der lutherischen Sache bestens informiert. Dies war ein standesübergreifender humanistischer Gesprächskreis unter Führung der Dürer-Freunde Lazarus

Hier lebte und arbeitete Albrecht Dürer von 1509 bis 28. Heute werden im Dürerhaus Kunstechniken von damals gezeigt.

Spengler und Christoph Scheurl, dem auch der Künstler selbst angehörte.

So überrascht es kaum, wenn Dürer Luther einige Druckgrafiken als Geschenk übersandte, wofür der Reformator seinen Dank durch Scheurl ausrichten ließ. Begegnet sind sich die beiden Großen aller Wahrscheinlichkeit nach wohl nicht, denn hätte Luther unter diesen brisanten Umständen noch Zeit für die Begegnung mit einem Nicht-Theologen wie Dürer gefunden, dann hätte es sich der Künstler wohl kaum nehmen lassen, sein Bildnis festzuhalten.

Noch zwei Jahre später wollte Dürer Martin Luther zu diesem Zweck treffen, als er Georg Spalatin 1520 brieflich ankündigt, Luthers Konterfei »zu einer langen gedechtnus des kristlichen mans« in Kupfer zu stechen. Doch blieb es beim Vorsatz: Gleich mit vier gedruckten Bildnissen des Reformators war ihm Lukas Cranach zuvorgekom-

men; bedauerlich nicht nur für den Luther-Verehrer Dürer, sondern wohl auch für den Geschäftsmann – und nicht zuletzt für die europäische Kunstgeschichte.

Aus den frühen Jahren der Reformation haben wir auch sichere Kunde, dass Dürer etliche kleinere Schriften Luthers besaß und um Zusendung weiterer Werke gebeten hatte, soweit sie denn auf Deutsch erschienen waren.

In Richtung Reformation weist vor allem ein weiteres schriftliches Zeugnis Dürers, das aus dem Jahre 1521 stammt. Es ist als »Luther-Klage« berühmt geworden und entstammt dem Tagebuch der Niederländischen Reise. Mit ihrer leidenschaftlichen Wortwahl fällt die fast gebetsartig wirkende Passage aus den trockenknappen Angaben über Reiseeindrücke, Bekanntschaften und Geldangelegenheiten völlig heraus – was gelegentlich zu Zweifeln an der Echtheit der nur als Abschrift überlieferten Stelle geführt hat.

Dürer war das falsche Gerücht zu Ohren gekommen, Luther sei entführt worden und drohe umgebracht zu werden. So klagt er ergreifend um den bevorstehenden Verlust und den gefährdeten Fortgang der lutherischen Sache und ermuntert Erasmus von Rotterdam, den wohl bedeutendsten Theologen und Humanisten der Epoche, sich im Kampf gegen die verkommene Papstkirche an die Spitze zu stellen: »Hör, du Ritter Christi, reit hervor neben dem Herrn Christum, beschütz die Wahrheit, erlang die Märtyrerkrone!«

Bekanntlich aber wurde weder Luther umgebracht noch Erasmus Protestant, sondern das Gegenteil geschah: Schon Anfang 1525 wurde in Dürers Heimatstadt Nürnberg die neue Kirchenordnung eingeführt, während Erasmus zunehmend auf Distanz zum neuen Glauben ging.

Beides hatte Signalwirkung für den Fortgang der Dinge – und Dürer fühlte sich beiden Seiten verpflichtet. Aus der persönlichen Begegnung mit Erasmus von Rotterdam war 1526 dessen berühmtes Kupferstich-Portrait hervorgegangen. Genau zur gleichen Zeit, zwei Jahre vor seinem Tod, erfolgte Dürers Begegnung mit einem der bedeutendsten Vorkämpfer des Protestantismus: Philipp Melanchthon.

Ausgleich und Besinnung

Hat sich an Dürers Kunst im Zuge der Reformation inhaltlich oder formal etwas geändert? Selbst wenn man Dürers berühmten Zeitgenossen Lukas Cranach den Älteren zum Maßstab nimmt, fällt die Bilanz eher indifferent aus: Zunächst sprechen die Flugblätter und Buchillustrationen für seinen Freund Luther und dessen unzählige gemalte Bildnisse eine eindeutige Sprache. Doch erstaunt stellt man fest, dass Cranach bis weit in die 1520er Jahre auch noch Zeit fand, zahllose Altäre für Luthers größten katholischen Widersacher, Kardinal Albrecht von Brandenburg, herzustellen.

Wir müssen also auf ein eher ambivalentes Bild gefasst sein, wenn der Blick nun auf die beiden Dürer-Werke fällt, die traditionell als Beleg für seine prostestantische Gesinnung herangezogen werden: zunächst eines seiner besten Bildnisse, das Philipp Melanchthons. Man hatte den Reformator 1526

Bekenntnisbild oder Kritik am neuen Glauben? Albrecht Dürer, Vier Apostel, 1526.

eingeladen, Gründungsrektor des ersten auf den neuen Glauben und seine wissenschaftlichen Bedürfnisse zugeschnittenen Gymnasiums in Deutschland zu werden (▶ S. 56): Auch wenn Melanchthon die Ehre ablehnte, verhalf sein Aufenthalt der Kunstgeschichte zu einem ihrer besten Portrait-Kupferstiche – ohne dass man Dürers noblem, menschlich einfühlsamen Bildnis oder seiner Inschrift den bewegten historischen Hintergrund anmerken würde.

Ebenso schwierig ist sein letztes großes Hauptwerk zu beurteilen, die sog. »Vier Apostel«, die Dürer 1526 dem Rat seiner Vaterstadt zum Geschenk macht. Die monumentale Doppeltafel wird bis heute oft als Dürers »protestantisches Bekenntnisbild« par excellence bewertet. In Lebensgröße stehen links vorn der Evangelist Johannes und der Apostel Petrus, rechts hinten der Evangelist Markus und der Apostel Paulus. Die von Dürer ausgewählten Bibeltexte darunter sind nun ausschließlich mahnenden Inhalts und dabei sehr allgemein gehalten; so lassen sie sich sowohl auf verkommene Kleriker des alten Glaubens wie auch auf übereifrige oder ungebildete Vertreter des neuen beziehen.

Auch wenn Dürer die Reformation in seiner Vaterstadt zweifellos begrüßt hat, künden die begleitenden Schreiben des bereits erkrankten Malers doch vor allem von seiner Sorge um den eigenen Nachruhm – eher ein humanistisches denn ein christliches Anliegen. Dies kommt nicht zuletzt im Melanchthon-Kupferstich zum Ausdruck, wo Künstler und Dargestellter wechselseitig am Ruhm des jeweils anderen teilhaben.

Das Bild wäre unvollständig, wenn man nicht auch den vielzitierten Brief von Dürers letztlich altgläubig gebliebenem Freund Pirckheimer an Johann Tschertte heranzöge, wo es 1530 heißt: »Ich bekenne, dass ich anfänglich auch gut lutherisch gewesen bin wie auch unser Albrecht selig, denn wir hofften, dass die römische Büberei (...) sollte gebessert werden. Aber (...) die Sache (ist) noch ärger geworden, sodass die evangelischen Spitzbuben nun jene Spitzbuben fromm aussehen lassen.«

Betreibt Pirckheimer hier keine Geschichtsklitterung, dann vollzog Dürer anscheinend nach, was auch für viele seiner humanistischen Freunde galt: Nach anfänglicher Begeisterung trat angesichts von Bildersturm, Bauernkrieg und geistlichem Übereifer Ernüchterung ein, gelegentlich bis hin zur Abkehr vom neuen Glauben.

Allzu früh ist Albrecht Dürer am 6. April 1528 gestorben. Er wurde auf dem Johannisfriedhof beigesetzt, wo sein schlichtes Grab noch heute besichtigt werden kann. Wie auch immer er am Schluss über Luther und die Reformation gedacht haben mag: Die eigenen Schriften und das Zeugnis der Zeitgenossen beweisen, dass der Künstler bis an sein Lebensende ein frommer, gottesfürchtiger Mann gewesen sein muss – weniger bekehrter Katholik oder engagierter Protestant als vielmehr christlicher Humanist. ●

▶ DR. THOMAS SCHAUERTE
ist Leiter des Albrecht-Dürer-Hauses in Nürnberg.

....

▶ MEHR ZUM THEMA
Gisela Goldberg, Bruno Heimberg, Martin Schawe: DIe VIer Apostel 1526, in: Albrecht Dürer. Die Gemälde der Alten Pinakothek, Heidelberg 1998, S. 478–559

Der Aufdecker

Im Mittelalter wurde das Judenviertel wegplaniert. 200 Jahre später stellte sich ein Nürnberger auf die Seite der Juden: Andreas Osiander.

—

VON HARTMUT HÖVELMANN

Auffällig groß ist der Hauptmarkt, der Platz in der Mitte Nürnbergs mit dem Davidstern im Straßenpflaster. Kaum vorzustellen, dass hier bis Mitte des 14. Jahrhunderts Häuser dichtgedrängt beieinander standen: das jüdische Viertel. Im Zuge eines Pogroms wurde es vollständig geschleift, 562 Juden wurden umgebracht. Wie es dazu kam?

Die Kaufleute hatten während politischer Unruhen im Jahr 1348 vorübergehend ihre Machtstellung in der Stadt verloren. Als die alte Ordnung mit Hilfe Kaiser Karls IV. wieder hergestellt war, wünschten sie sich einen großen Marktplatz. Der Kaiser unterstützte das Anliegen, und das im Machtkampf unterlegene Kleinbürgertum durfte seinen Frust über die Niederlage an den Juden abreagieren. Das Volk war zufrieden. Die Kaufleute ebenfalls, weil sie nun ihren Marktplatz hatten. An der Stelle der Synagoge wurde die Frauenkirche gebaut, die zugleich kaiserliche Hofkapelle war. Vorgeblich geschah dies zur Ehre Mariens, Gottes und des Kaisers.

Nicht nur das Volk, auch viele Gelehrte waren Judenfeinde, Verfolgungen und Vertreibungen waren bis wenige Jahrzehnte vor der Reformation an der Tagesordnung. Der Antijudaismus hatte seinen geistigen Boden in der christlichen Theologie. Schon der frühchristliche Kirchenvater Eusebius vertrat die sogenannte Enterbungstheorie: die Juden hätten durch die Kreuzigung und ihren Unglauben an Jesus Christus das Erbe des alttestamentlichen Bundesvolkes verwirkt. Ihre Verfolgung sei die gerechte Strafe Gottes für ihren Unglauben. An ihre Stelle seien um ihres Glaubens an Christus willen die Christen getreten. Die einzige Chance zum Heil zurück liege für die Juden in Taufe und Bekehrung.

Mitteleuropäische Juden feiern das Pessachfest. Jüdische Buchmalerei aus dem späten 14. Jahrhundert (Israel Museum, Jerusalem)

1298 kam es zum sog. »Rintfleisch-Pogrom«. Vom Taubertal aus zog ein wilder Mob unter Führung eines Agitators namens Rintfleisch seine blutige Spur durch Franken. Er behauptete, Juden hätten geweihte Hostien – und somit den Herrgott selbst – mit Nadeln zerstochen und anschließend in Mörsern zerstampft. Die Verfolgung erreichte Nürnberg. Vergeblich suchten die bedrängten Juden Zuflucht in den Mauern der Burg. 526 Tote zählte man. Die Obrigkeit sah weg. Die überlebenden Juden wurden ausgewiesen, ihre Kinder wurden ihnen weggenommen und zwangsgetauft.

1348/49 wurde Deutschland von Pestwellen heimgesucht. Angeblich waren die Juden wieder Schuld. Sie hätten kleine Christenkinder entführt und getötet, um deren Blut am Passahfest zu gebrauchen, hieß es. Wieder schlug man gegen sie los. Da Juden Handwerksrecht und Landerwerb verboten waren, blieb ihnen Geldverleih als einer der wenigen Erwerbszweige. Nun entzog man ihnen ihr Eigentum, dann alle Rechte gegenüber Christen, die bei ihnen Schulden hatten. Kaufleute und Klerus, Handwerker und Regierende entschuldeten sich auf die Weise.

Nicht nur in Nürnberg, auch andernorts errichtete man nach Verfolgungen gern da, wo zuvor die Synagoge gestanden hatte, eine Marienkirche – immer mit der Begründung, dies geschehe zur Genugtuung der Mutter Jesu. Die Juden hätten ihr großes Leid angetan, hieß es, sie seien Schuld an der Kreuzigung ihres Sohnes.

Einer schwamm gegen den Strom des Zeitgeistes: der »Abweichler« aus Nürnberg, wie ihn der Historiker Heiko Andreas Oberman in seinem Buch »Wurzeln des Antisemitismus« nennt. 1540 nahm dieser Abweichler die Juden in einer Streitschrift gegen die Gräuelpropaganda in Schutz – mit vernünftigen Argumenten und guter biblischer Kenntnis. Er scheute sich nicht, die wahren Motive der Judenfeinde offenzulegen. Der Titel dieser Schrift: »Ob es wahr und glaubhaft sei, dass die Juden der Christen Kinder heimlich erwürgen und ihr Blut verwenden«. Darunter standen weder der Name des Verfassers noch Erscheinungsort und -jahr, stattdessen das Bibelwort 1.Mose 9,6 »Wer Menschenblut vergießt, dessen Blut soll auch vergossen werden«.

Der anonyme Autor war Andreas Osiander, ein bedeutender Protagonist der Reformation in Nürnberg. Der gebürtige Gunzenhausener war 1520 als Hebräischlehrer am Augustinerkloster nach Nürnberg gekommen, ein Kenner des Judentums und des Alten Testaments. 1522 berief der Rat der Stadt ihn, den 23-Jährigen, zum Hauptprediger an St. Lorenz. Mit theologischer Überzeugungskraft und rhetorischer Begabung konnte er das Volk für die Reformation gewinnen. Er hatte maßgeblichen Anteil an der Brandenburg-Nürnbergischen Kirchenordnung von 1533, die die Reformation in Nürnberg sicherte und für das lutherische Kirchenwesen in ganz Deutschland zum Vorbild wurde.

Mit seinen Predigten gewann er den Hochmeister des Deutschen Ordens, Markgraf Albrecht von Preußen,

Andreas Osiander, so wie ihn der Nürnberger Stadtmaler Georg Pencz sah. Die Papierzeichnung entstand 1544 in Rom.

für die Reformation, so dass dieser 1525 sein Ordensland Preußen in ein Herzogtum verwandelte. Seine letzten Jahre verbrachte der lebenslang streitbare Osiander in (Ost)Preußen. Dort starb er 1552.

Kurz nach Ostern 1540 wurden Juden aus Titting bei Greding des Mordes an einem Bauernkind aus Sappenfeld angeklagt. Beim Prozess in Eichstätt unter Vorsitz des Bischofs legten Juden aus Sulzbach zur Verteidigung ihrer Glaubensbrüder eine Schrift vor, die sich mit dem Ritualmordvorwurf befasste – Osianders Streitschrift. Offensichtlich hatte der Verfasser sie den Ange-

klagten zugespielt. Die immer wieder erhobene Blutbeschuldigung sei eine Verleumdung und weder wahr noch glaubhaft, heißt es darin. Das mosaische Gesetz verbiete sowohl das Töten als auch den Blutgenuss. Blut durch Mord an Christenkindern zu erlangen, habe also für die Juden keinen Sinn und keinen Zweck. Nie habe man auch nur in einem einzigen Fall den Nachweis für diesen Vorwurf erbringen können.

In zwanzig Punkten setzt sich Osiander mit dem Ritualmordvorwurf auseinander. Mit gründlicher Kenntnis der jüdischen Gesetze und Bräuche und des Alten Testaments geht er vor. Hier wird nicht polemisiert, sondern argumentiert.

Im Schlussteil seiner Schrift stellt Osiander Fragen nach den wahren Interessen, die Ritualmordvorwürfen gegen Juden zugrunde liegen: Ob nicht der Landesherr des Territoriums, in dem ein solcher Vorwurf erhoben werde, bei den Juden verschuldet sei? Und wenn nicht der Landesherr, dann vielleicht »sein räth, amptleut, hoffgesind, richter oder schöpfen«? Und wie es um die Geistlichen in einem solchen Land bestellt sei: ob sie sich vielleicht durch solche Beschuldigungen einträgliche Wallfahrtsorte verschaffen wollten (Marienkirche statt der Synagoge)?

Osiander rät, bei jeder Kindstötung zu untersuchen, ob es nicht vielleicht durch die Eltern oder deren Gesinde zu Schaden gekommen sei, dies aber vertuscht werden solle, indem man Juden beschuldige. »Was wir gern sehen und sehr begehren, das glauben wir auch gern«, so bringt Osiander das Problem auf den Punkt.

Die Auflage der Streitschrift kann nicht sehr hoch gewesen sein. Historiker kannten sie lange nur aus der Gegenschrift des katholischen Theologen Johann Eck »Ains Judenbüchleins Ver(=Wider) lerlegung:«, gedruckt in Ingolstadt 1541. Eck wütet im polemischen Stil der Zeit gegen Osiander, den er mit sicherem Gespür als anonymen Autor ausgemacht hatte. »Judenvater«, »Judenschützer«, »ungelehrter Wäscher«, »Blöderer«, »verruchter Schänder der Christenheit«, »Doppelbube«, aus dem der Teufel rede – so tituliert Eck den Nürnberger, der es gewagt hatte, die Juden in Schutz zu nehmen. Aus dem Lutheraner spreche der Teufel, der nichts anderes wolle, als die Juden von ihren Morden freizusprechen. Luthersohn – Judenvater, das sei dasselbe. Die Juden seien dagegen nichts anderes als ein gotteslästerliches Volk.

1893 fand Moritz Stern ein Exemplar von Osianders Judenbüchlein bei einem Hamburger Antiquar. Er ließ es sofort nachdrucken, weil gegen Ende des 19. Jahrhunderts Antisemiten wieder viel Zulauf hatten. Im niederrheinischen Xanten kam es zu Übergriffen gegen den jüdischen Bevölkerungsteil. Sie hätten einen Christenknaben umgebracht, um dessen Blut am Passahfest rituell zu gebrauchen, hieß es. Der alte Vorwurf wiederholte sich, und Osianders Schrift sollte mit ihrer Wiederveröffentlichung zum zweiten Mal die Juden gegen den absurden Vorwurf des Ritualmords verteidigen und die Hintergründe entlarven, die solche Legenden in die Welt setzen ließen.

So könnte ein jüdischer Betsaal im mittelalterlichen Nürnberg ausgesehen haben. Computer generierte 3-D Rekonstruktion

Andreas Osiander ist als Erster und als einer von wenigen Theologen im 16. Jahrhundert literarisch gegen die Blutbeschuldigung der Juden aufgetreten. Ihn ehrt, wie klar er aussprach, »dass bei Blutanklagen gegen die Juden die Mörder unter den Christen zu suchen seien. Welcher Freimut und Gerechtigkeitssinn gehörte zu einer solchen Erklärung in einer Zeit, da man das Blödsinnigste den Juden andichtete und selbst ein Luther die ›tollen Hunde‹ in die Ställe wies!« – so fasste Moritz Stern, der Wiederentdecker, die lange verschollene Streitschrift zusammen.

Osiander hat sich auch mit der verleumderischen Schrift »Von den Juden und ihren Lügen«, die der Reformator Martin Luther drei Jahre vor seinem Tod verfasste, scharf auseinandergesetzt. Die Nationalsozialisten konnten Luther zum Gewährsmann für ihre Rassenpolitik instrumentalisieren, Osiander taugte dafür nicht.

Wer sich heute wohlwollend an Osianders Judenbüchlein erinnert, muss weitergehen als der Nürnberger Reformator in seiner Zeit. Antijudaismus gehört nicht in Bibelauslegung, Predigt und kirchliche Rede.

Nürnberg, dessen Name für immer mit den Rassegesetzen der Nazis verbunden ist, hat sich inzwischen zur »Stadt der Menschenrechte« erklärt und lebt dies auch vor. Die Evangelisch-Lutherische Kirche in Bayern hat 1998 auf der Landessynode in Nürnberg eine Erklärung verabschiedet, um das Verhältnis von Christen und Juden zu erneuern. Sie wollte ein neues Bewusstsein, neue Sensibilität und eine veränderte Beziehung in Gang setzen. Antisemitismus, Rassismus beginnt im Kopf. »Was wir gern sehen oder sehr begehren, das glauben wir auch gern«, hatte Osiander messerscharf analysiert. Anders gesagt: Was unsere Einstellung bestätigt, das nehmen wir gern wahr. Genau hier, bei der Einstellung, muss angesetzt werden. ●

▶ **DR. HARTMUT HÖVELMANN**
ist Pfarrer und Kirchenrat im Ruhestand.

....

▶ **MEHR ZUM THEMA**

Achim Detmers: Reformation und Judentum. Israel-Lehren und Einstellungen zum Judentum von Luther bis zum frühen Calvin, 2001

Brigitte Hagler: Die Christen und die »Judenfrage«. Am Beispiel der Schriften Osianders und Ecks zum Ritualmordvorwurf, 1992

Jüdisches Leben in der Fränkischen Schweiz, 1997

Dichter der Reformation

Hans Sachs, der singende Schuster, ärgerte sich über oberflächliche Protestanten.

—

VON HORST BRUNNER

Bis zu seinem Lebensende war der Nürnberger Dichter Hans Sachs, der berühmteste und produktivste deutsche Autor des 16. Jahrhunderts im gesamten deutschen Sprachraum, ein engagierter Anhänger der Reformation. 1523 beginnt er für die Sache des Reformators Martin Luther einzutreten. In zahlreichen Dichtungen propagierte er ihre Überzeugungen.

Am 5. November 1494 wird er in Nürnberg als Sohn eines Schneidermeisters geboren. Er besuchte eine Lateinschule, vermutlich die beim Heilig-Geist-Spital. Als Fünfzehnjähriger begann er eine zweijährige Schusterlehre. Ab 1511 begab er sich auf die übliche Gesellenwanderschaft, auf der er in weiten Teilen Deutschlands herumkam. 1516 kehrte er in seine Vaterstadt zurück, 1519 heiratete er, 1520 wurde er Meister seines Handwerks. Er führte insgesamt ein ruhiges, sesshaftes, zunehmend von Wohlhabenheit bestimmtes Leben. Nach dem Tod seiner Frau heiratete er 1561 ein zweites Mal. 81-jährig verstarb er am 19. Januar 1576 in Nürnberg. Das Ratstotenbuch vermerkt den Tod des längst in ganz Deutschland berühmten Autors mit den Worten:

Hans Sachs, Holzschnitt von Michael Ostendorfer (1545)

Gestorben ist Hannß Sachs, der alte teutsche Poet. Gott verley im und uns ein fröliche urstet (d. h. Auferstehung).

Der Dichtkunst hatte Sachs sich bereits während seiner Lehrzeit zugewandt. Er erlernte sie in der Gesellschaft der Nürnberger Meistersinger. Als Meistergesang bezeichnet man das Dichten und den gesungenen Vortrag einer streng geregelten Art von Liedern, den Meisterliedern.

Einwohner vieler deutscher Städte, meist Handwerker, schlossen sich im Spätmittelalter und in der Frühen Neuzeit zu Gesellschaften oder Bruderschaften zusammen und übten sich in der Kunst einer Lieddichtung, die sich auf eine Tradition seit dem 12. Jahrhundert stützte. Eine

◄

Dichterdenkmal am Hans-Sachs-Platz

Aus einem verbreiteten Marienlied »Maria zart« wird bei Sachs ein Christuslied: »O Jesu zart«.

breitere Öffentlichkeit besuchte ihre Singveranstaltungen, die »Singschulen«.

In Nürnberg gab es Meistersinger seit dem frühen 15. Jahrhundert, die Gesellschaft bestand bis ins späte 18. Jahrhundert. Hans Sachs blieb dem Meistergesang bis zum Ende seines Lebens eng verbunden. Er dichtete mehr als 4200 Meisterlieder, fast ausnahmslos nur handschriftlich überliefert.

Andere Werke von Hans Sachs wurden in aller Regel gedruckt verbreitet – meist in Form von großformatigen Flugblättern oder kleinformatigen, mehrseitigen Flugschriften, vielfach versehen mit Titelholzschnitten. Spruchgedichte zum Beispiel, kurze oder mittellange Gedichte in Reimpaaren, geistlich oder weltlich. Ferner die meist heiteren Fastnachtspiele, die in einer langen literarischen Tradition der Vorfastenzeit stehen. Außerdem die umfangreicheren Komödien und Tragödien, in denen Erzählstoffe dramatisiert wurden.

Mit seinen Dichtungen bildete Hans Sachs den – wie man damals sagte – »gemeinen Mann«, der oft nicht lesen konnte, religiös und weltlich-literarisch. Seine Texte bieten auch amüsante Einblicke in die Lebens- und Gedankenwelt einer Zeit, die uns zwar heute fremd scheint, in der aber vieles beginnt, was noch heute von Belang ist.

Hinwendung zur Reformation

Seit 1513 hatte Sachs Texte unterschiedlicher Art verfasst, meist weltliche und geistliche Meisterlieder. Die geistlichen Lieder behandeln die in vorreformatorischer Zeit im Meistergesang üblichen Themen: Trinität, Eucharistie, Heiligenmirakel, vor allem aber Christus und Maria. Zwischen 1520 und 1523 legte Sachs dann eine Pause ein, die einzige in seiner langen Schaffenszeit.

Vermutlich vertiefte sich der junge Mann damals gründlich in Luthers Lehre. 1522 ließ er nicht weniger als 40 ›sermon vnd tractetlein‹ zu einem Band zusammenbinden. 1523 erschien dann das berühmte, vielfach nachgedruckte Spruchgedicht ›Die Wittenbergisch Nachtigall‹, das den Namen des Autors überall bekannt machte:

Wacht auff es nahent gen dem tag
Jch hör singen im grünen hag
Ain wunnigkliche Nachtigall
Jr stymm durchklinget berg vnd tall …

Mit der Nachtigall ist Luther gemeint. Das Gedicht bietet eine kurz gefasste, höchst anschauliche und einprägsame Zusammenfassung der Lehre Luthers, zu der der Autor sich persönlich in einer Vorrede bekennt.

Sachs beschränkte sich nicht darauf, Luthers Anschauungen zu propagieren. 1524, ein Jahr bevor die Reichsstadt evangelisch wurde, veröffentlichte er die vier in Prosa abgefassten sogenannten Reformationsdialoge, einige seiner bedeutendsten Schriften.

Im ersten Dialog, »Disputation zwischen einem Chorherren und Schuchmacher«, verficht ein Laie, der Schuster Hans, höchst bibelfest die Grundpositionen der Luther'schen Lehre. Der altgläubige Geistliche disqualifiziert sich durch Unkenntnis der Heiligen Schrift und eine wenig überzeugende Lebensführung.

Im zweiten Text »Ein gesprech eines Evangelischen Christen mit einem Lutherischen« zeigt Sachs, wie ärgerlich es ist, wenn man sich lediglich äußerlich an die Luther'sche Lehre hält und etwa nur auf das Fasten verzichtet. Vielmehr solle der Einzelne durch seine Lebensweise ein wirksames Vorbild abgeben.

Der dritte Dialog handelt von den »Scheinwerken der Geistlichen«, von der zweifelhaften Existenzberechtigung des Mönchtums und der Klöster. Thema des vierten Dialogs, wiederum zwischen einem Protestanten und einem Altgläubigen, ist der »Geiz«, der Umgang mit den materiellen Gütern, zugleich der Umgang der Reichen und Mächtigen mit den Armen und Ohnmächtigen.

Der Leser blickt in die Sozialverhältnisse der Zeit, geschildert von einem Autor, der viele Probleme und Elend um sich herum erlebt. Sachs bedauerte, dass die neue Lehre das Sozialverhalten nicht grundlegend änderte.

Die Geschichte des evangelischen Kirchenliedes, maßgeblich eine Schöpfung Luthers, beginnt 1523/24 mit den ersten gedruckten Liederbüchern. Bereits 1524 schuf Sachs eine Reihe von acht solcher Lieder auf der Grundlage bekannter Melodien und Texte, »verendert und christlich corrigiert«. Aus dem verbreiteten Marienlied »Maria zart« wird bei Sachs ein Christuslied »O Jesu zart«. Zwei Jahre später, 1526, dichtete er 13 Psalmen in singbare Lieder um – das Psalmlied ist seit Luther ein grundlegender Typ des Kirchenliedes.

Vom selben Jahr an begann der Nürnberger Dichter, Stellen aus Luthers Bibelübersetzung in Texte nach Art der Meistersinger umzuarbeiten: Lieder in vorgegebenen, relativ komplizierten Strophenformen und in ebenfalls vorgegebenen, meist sehr anspruchsvollen Melodien, die für den Gemeindegesang unbrauchbar waren, die vielmehr Solisten auswendig bei den Singschulen vortrugen. In erster Linie wurden die Texte handschriftlich weitergegeben und nur sehr selten gedruckt.

Sachs stellte den Meistergesang damit auf eine neue Grundlage. Vorgegebene Texte wurden in Verse gesetzt, im religiösen Bereich in erster Linie der Lutherbibel. Etwa die Hälfte seiner Meisterlieder besteht aus umgedichteten Passagen aus der Lutherbibel, meist kommentiert auf der Grundlage von Texterklärungen Luthers, Bugenhagens, Osianders und anderer.

In Verse gesetzt wurden bisweilen auch Predigten. So dichtete Sachs 1548 fünf Predigten Andreas Osianders, zu dessen Anhängern er gehörte, in Lieder um. Das Publikum wollte Bibelkenntnisse erwerben und vertiefen, eine andauernde Blütezeit des Meistergesangs brach an. Bis in das 17. Jahrhundert hinein dominierten diese Lieder im Meistergesang. Wo immer es Meistersingergesellschaften gab, wurde Sachs als der eigentliche Vater der Meisterkunst angesehen.

Sachs blieb dabei nicht stehen. Auch durch gedruckte Spruchgedichte verbreitete er Bibelkenntnis und – in der Regel über angehängte Auslegungen – reformatorische Theologie. Dazu kamen dann, in jener theatersüchtigen Epoche, vor allem seit 1536, zahlreiche Komödien und Tragödien mit biblischen Stoffen. Die Opferung Isaaks, die Geschichte der Könige David und Salomo, die Erzählung von Judith und Holofernes ebenso wie die des barmherzigen Samariters, die Passion Christi: all das wurde dem Publikum anschaulich und aus reformatorischer Sicht vor Augen gestellt.

Martin Luthers Tod 1546 veranlasste Sachs zu einem »Epitaphium oder Klagred ob der Leych D. Martini Luthers«, das sogleich als Flugschrift erschien. Der Titelholzschnitt zeigt den würdig gekleideten Dichter im Gespräch mit der Theologia über Luthers mit einem Kreuz geschmückten Sarg, darüber die Lutherrose. Im Gedicht klagt die allegorische Figur der Theologie ergreifend über den verstorbenen Gotteshelden. Am Ende tröstet der Dichter sie: noch gebe es viele treffliche Männer und die christliche Gemeinde – sie würden die Reinheit der Theologie zu bewahren wissen, »darwider hilfft kein gwalt noch list./ (...) Darumb so laß dein trauren sein ...«

Keine Frage: Zu diesen »trefflichen Männern«, den Bewahrern der Reformation, konnte Hans Sachs sich mit vollem Recht selbst zählen. •

Sachs-Druck, 1524: Chorherr und Schuhmacher im Disput

▶ PROF. DR. HORST BRUNNER
  ist Emeritus. Er lehrte deutsche Philologie
  an der Uni Würzburg.

▶ MEHR ZUM THEMA
  Hartmut Kugler (Hrsg.), Hans Sachs: Meisterlieder,
  Spruchgedichte, Fastnachtsspiele. Stuttgart 2003
  (Reclam).
  Horst Brunner, Hans Sachs. Gunzenhausen 2009.
  Horst Brunner, Geschichte der deutschen Literatur
  des Mittelalters und der Frühen Neuzeit im Überblick. Stuttgart 2010 (Reclam).

Gastronomie

Speisen in mittelalterlichem Flair

Reichsstädtisch-mittelalterliche Atmosphäre pur erlebt, wer auf dem Platz am Tiergärtner Tor sitzt und zum Beispiel beim Lokal »Zur Schranke« ein Bier trinkt. Direkt zu Füßen der Burg. Neben dem Dürerhaus.

Stimmungsvoll ist es auch auf der Terrasse vom »Bratwursthäusle« gegenüber dem Rathaus. Direkt unterhalb des Ostchors von St. Sebald und oberhalb des Hauptmarkts. Der Wirt, Werner Behringer, war lange Jahre Vorsitzender des Hotel- und Gaststättenverbandes Nürnberg und viele Jahre Mitglied des Kirchenvorstands von St. Sebald. Aber Achtung: Zu allen Tageszeiten, an denen Bratwürste schmecken, und das ist für den Nürnberger »von früh bis nachts«, sind die Plätze rar!

Oder im »Goldenen Posthorn« einkehren, einem Altstadtlokal in der Glöckleinsgasse gleich oberhalb von St. Sebald, das seit 1498 bezeugt ist und das seinerzeit die Stammkneipe von Hans Sachs und Albrecht Dürer war.

Oder das Restaurant »Zum Heilig-Geist-Spital« wählen (Spitalgasse 16, Achtung! Am Eingang läuft man leicht vorbei), das malerisch über der Pegnitz liegt. Passt gut, wenn man sowieso zwischen Hauptmarkt und Lorenzkirche unterwegs ist: Das Spital hat eine Tradition bis ins 14. Jahrhundert zurück. Geboten wird traditionelle fränkische Küche.

Oder, wenn es edel und übersichtlich auf dem Teller sein soll, dann empfiehlt sich das »Essigbrätlein« (Weinmarkt 3), Der Name dieses Zwei-Sterne-Lokals westlich von St. Sebald erinnert an ein Altnürnberger Leibgericht. Auch diese kulinarische Hochburg blickt auf 450 Jahre Gastronomiegeschichte zurück. Reservieren angeraten!

Wer schon unmittelbar nach dem Frühstück die volle Ladung »historisches Nürnberg« braucht, ist im »Hotel am Schönen Brunnen« gut aufgehoben: direkt am Hauptmarkt mit Blick auf den »Schönen Brunnen« und die Frauenkirche und an der Straße zur Burg gelegen (www.hotel-schoenerbrunnen.de, 0911 / 224 225). Mehr »mittendrin« geht nicht.

Die Altstadt verfügt im Übrigen über viele Hotels aller Preiskategorien mit kurzen Wegen und über viele Lokale, in denen man Nürnberger Spezialitäten genießen kann. Wo, »des is Gschmackssach«, würde der Nürnberger antworten.

Biergarten des
Restaurants Kettensteg

Oft kopiert,
selten erreicht.

Seit August 2003 sind die Namen »Nürnberger Bratwürste« und »Nürnberger Rostbratwürste« EU-weit gesetzlich geschützt. Nur im Stadtgebiet nach festgelegter Rezeptur hergestellte Würste dürfen sich so nennen. Alles andere ist »Nürnberger Art«.

Bratwürste aß man schon zur Reformationszeit in Nürnberg. 1497 legte eine Ratsverordnung Größe und Füllung fest: mindestens 7, höchstens 9 cm lang. Man bestellt sie in Partien zu sechs, acht, zehn oder zwölf Stück mit Sauerkraut oder Kartoffelsalat. Bestellen Sie keinen Senf dazu! Man nimmt Kren, also Meerrettich, der nördlich von Nürnberg angebaut wird.

Spezialisten essen die Bratwurst gesotten, nicht gebraten: Die Würste baden in einem Sud mit Essig, Gewürzen, viel Zwiebeln und Wurzelgemüse. Man isst Brot dazu. Eine Delikatesse!

TIPP: Die älteste noch existierende Bratwurstküche »**Zum Gülden Stern**« datiert von 1419. Zirkelschmiedsgasse 26, 90402 Nürnberg (nahe St. Jakob), www.bratwurstkueche.de, Telefon: 0911 / 20 59 288

Identitätsprobleme

Einer der städtischen Produzenten von Nürnberger Bratwürsten ist ein sehr bekannter Funktionär ausgerechnet des FC Bayern München. Dessen Erzeugnisse bereiten vielen Nürnbergern Identitätsprobleme. Nürnberger halten zu Ihrem »Club«, dem 1. FC Nürnberg. Auf keinen Fall lassen sie sich mit dem FC Bayern ein, dann schon lieber mit Schalke 04.

Schweinsschulterblatt

Äußerst beliebt – sicher auch schon im 16. Jahrhundert – ist das »Schäufele«, eine ordentliche Portion gebratenes Schweinsschulterblatt mit knuspriger Schwarte und butterzartem Fleisch, das sich vom Knochen wie von selbst löst. Mittlerweile gibt es sogar einen »Verein der Freunde des Fränkischen Schäufele« (www.schaeufele.de).

Er bewirbt auf seiner Website die Gastwirtschaft »**Schäufele GmbH**«, Schweiggerstr. 19, 90478 Nürnberg; telefonische Reservierung unter 0911 / 45 97 32

Fisch, nicht Fleisch

»Goad« essen gehört zur Lebensart in Nürnberg. Und wenn es mal kein Fleisch sein soll, geht man in eine der Nürnberger Fischküchen, zum Beispiel in der Pirckheimerstraße, und bestellt sich einen Karpfen, »gebacken« oder »blau«.

Fischküche Pirckheimer
Pirckheimerstr. 63, 90408 Nürnberg, www.fischkueche.de; Reservierung unter 0911 / 35 10 03

REFORMATIONS-GESCHICHTE

Nürnberg im 16. Jahrhundert: Ein Rat stürzt die alte Ordnung, und alles geht geordnet zu. Man erfindet das Gymnasium, die Druckereien kommen groß raus. Nur die Nonnen wollen nicht reformieren. Außerdem: Lesetipps

Gestrenge Herren, neue Bräuche

Wie der Zorn in der Bevölkerung kochte. Warum der Rat der Stadt schließlich doch entschied, sich der neuen Lehre zuzuwenden. Und wie die Ratsherren Aufruhr und Bildersturm verhinderten.

—

VON BERNDT HAMM

Nürnbergs Reformation

Darunter versteht man den Bruch der Reichsstadt mit dem mittelalterlichen Gefüge von Kirche, Theologie und Frömmigkeit und die Neugestaltung ihrer kirchlichen Verhältnisse nach der Heiligen Schrift.

◀ S. 38
Stadtansicht aus der Schedelschen Weltchronik von 1493

Die Reformation machte aus Nürnbergs spätmittelalterlich-katholischen Gemeinwesen ein evangelisches, ein lutherisches nach dem Vorbild der Wittenberger Reformation. Es war eine tiefgreifende religiös-gesellschaftliche Veränderung innerhalb der Metropole und ihrem großen Landgebiet mit Städten und Dörfern. Sie strahlte auf die kleineren und weniger mächtigen fränkischen Reichsstädte aus und auf das benachbarte Territorium der markgräflichen Fürstentümer von Ansbach und Kulmbach, die sich religionspolitisch mit Nürnberg abstimmten.

Nürnberg – Mittelpunkt des Heiligen Römischen Reiches

Mehr noch: Nürnberg war eine Großstadt von europäischem Rang. Ihr Reformationskurs hatte auf Reichsebene schon wegen ihrer 40 000 Einwohner ähnlich großes Gewicht wie der von Zürich und Straßburg. In fast 95 Prozent der deutschen Städte lebten um 1500 weniger als 2000 Menschen, nur Köln erreichte Nürnbergs Größe. In der reichen Wirtschaftsmetropole an der Pegnitz kreuzten sich Fernhandelsstraßen, ihr Wohlstand gründete sich auf ein starkes Handwerk, auf das Exportgewerbe und auf einen weltweiten Großhandel.

Einzigartig war zwischen 1490 und 1530 die Nürnberger Verquickung von Reichtum und Frömmigkeit, sakraler Repräsentation und Alphabetismus, Humanismus und technologischem Innovationsvermögen, Gelehrsamkeit und Kunstproduktion im Übergang von der Gotik zur Renaissancekultur. All dies machte die Reichsstadt zum führenden Nachrichten- und Kommunikationszentrum.

Die Reichskleinodien, also die kaiserlichen Herrschaftsinsignien und die Reichsreliquien, wurden im Heiliggeistspital aufbewahrt und sollten jährlich auf dem Hauptmarkt feierlich ausgestellt werden. Die Stadt war bevorzugter Tagungsort von Reichsversammlungen und ausgezeichnet durch die wiederholte Präsenz der Habsburger Kaiser Friedrichs III. und Maximilians I.

Am 18. April 1487 verlieh Kaiser Friedrich III. dem gelehrt-humanistischen Poeten Conradus Celtis erstmals im deutschen Reich auf der Nürn-

berger Burg den Dichterlorbeer. Celtis und andere Humanisten wie Johannes Regiomontanus und Johannes Cochlaeus priesen Nürnberg als »Zentrum Europas und Deutschlands«.

Nach Kaiser Karls V. Wahrnehmung blickte das Reich gebannt auf Nürnberg, welchen Weg es in der Religionsfrage einschlagen würde. Später verschob sich das Gewicht der aktiven Reformationspolitik auf die Seite der evangelischen Fürsten – besonders nach dem zweiten Reichstag zu Speyer 1529.

Kirchenkritik vor der Reformation

Schon lange vor 1517 drängten starke Kräfte auf eine Kirchenreform. Mehr noch als in den meisten anderen Reichsstädten rivalisierten in Nürnberg die führenden Familien mit der traditionellen Kirchenhierarchie. Dass der Bischof von Bamberg den Laien möglichst wenig Einfluss auf die kirchlichen Institutionen und ihr Personal einräumen wollte, missfiel den politisch, sozial und ökonomisch mächtigen Nürnberger Bürgern.

Als von Gott eingesetzte Obrigkeit sah sich der patrizische Rat der Stadt auch und vornehmlich für das Seelenheil der Bürgerschaft verantwort-

lich. Der Rat müsse dermaleinst vorm göttlichen Richter Rechenschaft ablegen, wie er diese »cura religionis«, diese religiöse Sorgfaltspflicht, wahrgenommen habe, hieß es. Er wollte daher den Kirchenbesitz verwalten, die führenden Kirchenämter der Stadt besetzen – die beiden Propststellen an St. Sebald und St. Lorenz sowie die drei von Bürgern gestifteten Prediger-Stellen –, er beanspruchte die Aufsicht über Ökonomie und Reform der Klöster, wollte das kirchliche Stiftungswesen der Bürgerfamilien kontrollieren, die Zucht des Klerus überwachen, ihn in die städtische Rechtsprechung und Steuerpflicht eingliedern und ihn insgesamt ins Bürgerrecht übernehmen.

Mit seiner Politik der Verbürgerlichung und Kommunalisierung der Kirche war der Nürnberger Rat erfolgreicher als die meisten Magistrate anderer Kommunen. Aber auch er stieß an seine Grenzen, vor allem was die rechtliche und wirt-

Aufwertung der Laien – auch sie bekommen beim Abendmahl den Wein gereicht. Das Gemälde aus Franken (16. Jahrhundert) stellt das Bekenntnis der Evangelischen bildlich dar.

Zweiter Reichstag zu Speyer

Ihn verließen die evangelischen Reichsstände 1529 unter Protest. Die katholische Mehrheit wollte ihnen die Verfolgung der »lutherischen Ketzerei« zur Auflage machen. Zu den »Protestanten« des Reichtags zählten die fünf Fürsten und Vertreter der 14 Reichsstädte, darunter die fränkischen aus Nürnberg, Weißenburg und Windsheim.

schaftliche Sonderstellung des Klerus betraf. Luther traf also einen Nerv des spätmittelalterlichen Gemeinwesens, als er den Sonderstatus des Klerus angriff und verkündete, alle Getauften seien gegenüber Gott gleichgestellt.

Die Privilegien des Klerus waren vielen Menschen ein Dorn im Auge. Man warf dem Klerus Zuchtlosigkeit, Machtstreben, Besitzgier, Unbildung und Nachlässigkeit in der Seelsorge vor. Insbesondere die Dominikaner standen im Visier der Kritik. Vor Luther war solche Feindseligkeit noch systemkonform. Sie stellte ja weder den sakramentalen Weihestatus der Priester noch die Ordensgelübde infrage.

Auch im Nürnberger Bürgertum war man nicht generell gegen die Kleriker eingestellt. Vielmehr verlangte man nach besseren Klerikern, nach einer frömmeren, sittenstrengeren Kirchenhierarchie, die gebildeter und innerlicher war. Die Kirche sollte weniger ihre Macht entfalten und sich mehr um das Heil der Gläubigen kümmern. Wo bestimmte Kleriker wie der Augustinereremit Johannes von Staupitz diesen religiösen Erwartungen gerecht wurden, erfuhren sie größte Hochschätzung.

Auch andernorts richtete sich die Kirchenkritik gegen veräußerlichte und kommerzialisierte religiöse Praktiken: gegen krasse Formen des Ablassvertriebs, des Wallfahrtswesens oder des Heiligen- und Reliquienkults. Ohne die zwischen 1490 und 1520 stark anwachsende Stimmung ist der Erfolg der Reformation nicht zu verstehen. Diese Kritik war keineswegs ein Indiz abnehmender Frömmigkeit oder gar säkularisierender Verdiesseitigung. Es ging um intensivere Frömmigkeit, anspruchsvollere Kirchlichkeit und einen gesteigerten religiösen Gestaltungswillen. In den Niederlanden prägt man den Begriff »Devotio moderna«.

Laien, auch Frauen, wurden religiös mündi-ger. Im Zeitalter der rasch zunehmenden Handschriften- und Druckproduktion verlangten sie nach seelsorgerlicher Literatur. Reformbewusste Theologen trieben die religiöse Bildung der Laien mit einer Flut frömmigkeitstheologischer, lebenspraktischer und seelsorgerlicher Schriften voran. Sie schrieben deutsch und förderten so die Lesefähigkeit der Laien, stimulierten ihre religiöse Lesebereitschaft und gaben einem Selbstpastorat ohne Priester im privaten häuslichen Bereich Vorschub.

Neue Medien und Humanismus

Als Stadt des Buchdrucks, des Holzschnitts und Kupferstichs, von preisgünstiger Kleinliteratur und Einblattdrucken, die das Wesentliche des Christenlebens prägnant vor Augen stellten, trieb Nürnberg wie wenige andere Orte des Reichs in den Jahren vor der Reformation diese Entwicklung voran. Vermutlich 40 Prozent von Nürnbergs Bevölkerung konnte lesen.

Zudem wurde Nürnberg gegen Ende des 15. Jahrhunderts ein Zentrum des Humanismus. Seine Vertreter wollten die gesamte Kultur und Lebensformung des Menschen am Leitbild der heidnischen und christlichen Antike ausgerichtet sehen. In Nürnberg gewannen sie ihre Anhänger vor allem in der wohl situierten »Ehrbarkeit«, zu der Patrizier wie der Jurist und Dürer-Freund Willibald Pirckheimer zählten wie auch der nichtpatrizische Ratsschreiber Lazarus Spengler, der juristische Ratskonsulent Christoph Scheurl und der Künstler Albrecht Dürer.

»Ohne Humanismus keine Reformation«, so spitzt es der Kirchenhistoriker Bernd Moeller zu. Das gilt besonders für Nürnberg. Repräsentanten des Nürnberger Ehrbarkeitshumanismus bahnten nach der Verbreitung von Luthers 95 Thesen dem reformatorischen Umbruch den Weg.

In Nürnberg verschmolz das humanistische Bildungsstreben mit den Idealen einer verinnerlichten und individualisierten Bußfrömmigkeit. Man berief sich auf antike Tugendlehrer, auf die Bibel und die Kirchenväter. Zur Leitgestalt wurde besonders zwischen 1510 und 1515 der antike

Devotion moderna

Der »Devotion moderna« ging es um wahre Buße und Seelsorge, um eine persönliche, mystisch gestimmte Andacht, um das Vertrauen auf Gottes Erbarmen, um die Zuflucht zur Gnadenkraft der Passion Christi und um die Erneuerung eines echten christlichen Tugendlebens.

Kirchenvater Hieronymus, von dem Albrecht Dürer elf Darstellungen schuf. Man sah in ihm den vorbildlichen Bücher- und Bibelgelehrten, der sein Leben in wahrer Buß- und Tugendgesinnung ganz an der Nachfolge des leidenden Christus ausrichtete, ein Ideal weltüberwindender christlicher Tugend. Die Reformatoren prägten die Formel »Allein Christus«. Hier hatte man dies implizit schon im Blick – in Kombination mit »Allein die Tugend«.

Johannes von Staupitz: Wegbereiter der Reformation

In der Adventszeit 1516 und in der vorösterlichen Fastenzeit 1517 predigte Johannes von Staupitz in der Kirche des Nürnberger Augustinerkonvents unterhalb der Sebalduskirche. Staupitz leitete die deutsche Kongregation der observanten Augustinereremiten. Seine Predigten fanden großen Beifall und zogen jene Mitglieder des Nürnberger Humanistenkreises und der patrizischen Führungselite in ihren Bann, die in der Folgezeit den Reformationskurs Nürnbergs bestimmen und zum Erfolg führen sollten.

Staupitz predigte von einem absolut gütigen Gott. Indem Gott Mensch wird und am Kreuz stirbt, neigt er sich zum tiefen Elend der sündigen Menschheit herab. Gott zieht die von ihm Erwählten durch die Kraft seines Geistes in eine permanente Bußbewegung hinein. Er erfüllt ihr Herz mit einer vertrauensvollen Christusliebe und befreit sie von jeder selbstgefälligen Werkgerechtigkeit.

Die Nürnberger waren fasziniert. Staupitz drohte nicht mit Gottes Gericht und forderte nicht fromme Leistungen, sondern nahm ihnen Angst und entlastete ihr Gewissen. Seine Hörer priesen ihn laut Scheurl als »Zunge des Apostels Paulus«, »Herold des Evangeliums« und »wahren Theologen«.

Kein spätmittelalterlicher Theologe führte so nahe an das heran, was kurz darauf die Reformatoren lehrten, wie Staupitz. Seine Theologie, die sich auf Paulus und Augustin stützte, wurde lateinisch und deutsch im Druck verbreitet.

Vielen Geistlichen ging es um die Tröstung der Gewissen. Sie ermunterten die Gläubigen dazu, in allen Nöten der Seele und des Leibes, vor allem in der Sterbestunde, vertrauensvoll Zuflucht zum Erbarmen Gottes, Christi, Marias und der Heiligen zu nehmen. Doch niemals vorher war so uneingeschränkt von einer Kanzel des Abendlandes herab die ausschließliche Heilsbedeutung der göttlichen Prädestination, des Heilswerks Christi und der rechtfertigenden Gnade allein verkündigt worden wie 1516/17 in Nürnberg.

Tugendhafter Buchgelehrter: Hieronymus in der Felsengrotte (Albrecht Dürer, 1512)

Einfallstor für lutherische Gedanken: Augustinerkloster Nürnberg, hier die Klosterkirche vor ihrem Abriss 1816 (aquarellierte Federzeichnung von Georg Christoph Wilder, 1817)

rolle zukam. Nirgends wurden Luthers Schriften so schnell bekannt wie in Nürnberg.

Schon während des Jahres 1518 wandelte sich der humanistisch geprägte Staupitz-Verehrerkreis zu einem Anhängerkreis Luthers. Als Luther zu einer Disputation mit dem Kardinal Cajetan von Wittenberg nach Augsburg reiste, machte er zweimal Halt im Nürnberger Augustinerkloster. Im Oktober 1518 und dann wieder auf seiner Rückreise konnten ihm seine Nürnberger Anhänger zweimal persönlich begegnen.

Der Ratsschreiber Lazarus Spengler berichtet, welch tiefen Eindruck Luthers Furchtlosigkeit und Gottvertrauen bei ihm hinterließen. Als Hieronymus-begeisterter Humanist und faszinierter Staupitz-Hörer hatte er sich zuvor schon der neuen Theologie geöffnet. Im folgenden Jahrzehnt warf Spengler seine humanistische, theologische, juristische, politische, diplomatische und verwaltungstechnische Versiertheit und seinen Einfluss als Chef der Ratskanzlei frühzeitig und mit Feuereifer zugunsten der Lutherbewegung in die Waagschale. In Nürnberg und auf Reichsebene hatte er vielfältige Kontakte zu Ratsherren und Stadtschreibern anderer Kommunen und zu den Kanzleien und gelehrten Räten zahlreicher Fürsten. Luther sagte 1531 in einem Tischgespräch wertschätzend: »Doktor Lazarus Spengler allein hat das Evangelium in Nürnberg eingeführt und er allein hat erreicht, dass es dort bis heute Bestand hat« – wobei er auch etwas übertrieb (schon der Doktortitel war unkorrekt).

Gewiss aufgrund von Spenglers Einfluss machte der Rat 1520 und 1521 zwei Anhänger der neuen Theologie Wittenbergs, die dort gerade ihr Studium abgeschlossen hatten, zu Pröpsten: Hektor Pömer und Georg Beßler wurden die leitenden Kirchenbeamten Nürnbergs. 1522 besetzt er die drei Predigerstellen an St. Lorenz, St. Sebald und im Heiliggeistspital mit den ebenfalls lutherisch gesinnten Theologen Andreas Osiander, Dominicus Schleupner und Thomas Venatorius.

Bereits Ende 1519 hatte Spengler die erste Reformationsschrift eines Laien veröffentlicht, die erste öffentliche Luther-Apologie überhaupt und zugleich die erste deutschsprachige Flugschrift

Staupitz bahnte Martin Luther den Weg zum Erfolg in der Reichsstadt. Luther war ja ebenfalls Augustinermönch. Er war Staupitz' Ordensuntergebener, sein Schüler und Nachfolger auf dem Wittenberger Lehrstuhl.

Die Anfänge der Reformation: Lese- und Predigtbewegung

Wenzeslaus Linck, Prediger an der Augustinereremitenkirche, war ein guter Freund Luthers und früherer Dekan der theologischen Fakultät Wittenbergs. So war es kein Zufall, dass dem Nürnberger Augustinerkloster unter seinem Prior Wolfgang Volprecht bei der Verbreitung von Luthers Gedankengut eine wichtige Schlüssel-

außerhalb des Wittenberger Theologenkreises. Seine anonyme Druckschrift »Schutzrede und christliche Antwort eines ehrbaren Liebhabers göttlicher Wahrheit der Heiligen Schrift« über das reformatorische Schriftprinzip »sola scriptura« brachte Spenglers Namen (zusammen mit Willibald Pirckheimer) auf die päpstliche Bannandrohungsbulle gegen Luther vom 15. Juni 1520. Trotz Einspruchs des Nürnberger Rats stand er abermals auf der Bannbulle Leos X. vom 3. Januar 1521. Spengler und Pirckheimer kamen zwar von der Exkommunikation los. Doch das Verhältnis der Nürnberger Führungsschicht zum Papsttum war nachhaltig zerrüttet. Spengler verfasste weitere Luther-Apologien und reformatorische Flugschriften.

Bevor von Nürnberger Kanzeln die ersten reformatorischen Predigten gehalten wurden, gab es in Nürnberg eine lutherische Lesebewegung. Viele Reformationsschriften in deutscher Sprache und in günstigen Drucken waren auf dem Markt: meist von Luther, auch von Melanchthon, Karlstadt, Hutten und Spengler. Im September 1522 erschien Luthers Übersetzung des Neuen Testaments. Laien ohne Lateinkenntnisse machten sich kundig und griffen in den Streit ein, so der Schuhmacher und Poet Hans Sachs.

Ab dem Frühjahr 1522 wurde von den drei städtischen Hauptkanzeln im Sinne Luthers gepredigt. Die Kirchen waren brechend voll; die Menschenmenge strömte aus der Stadt und vom Lande herbei. Unter den Predigern gewann sehr bald der humanistisch hochgebildete und theologisch selbstständig denkende Andreas Osiander der Ältere (zuvor Hebräischlehrer im Augustinerkloster) die Position des führenden Stadtreformators. Er und seine Kollegen hatten es zunehmend mit einem reichsstädtischen Rat und einem Ratsschreiber zu tun, die sich religiös und kirchenpolitisch nicht als Vollzugsorgane der Theologen verstanden, sondern als mündige Laienchristen, die nicht wieder unter einen »Papismus« in evangelischem Gewand zurückkehren wollten.

Inhaltlich ging es in Nürnbergs früher Lese- und Predigtbewegung um Alternativen, die klar, radikal und einprägsam formuliert wurden: Gotteswort gegen Menschenwort! Biblische Schrift gegen menschliche Lehren, Zeremonien und Satzungen! Wahrheit Gottes gegen Menschenwahn! Christus gegen den Papst als Antichrist! Gemeinde Christi gegen die römische Hierarchie! Dienst der Predigt und Seelsorge gegen klerikale Ausbeutung! Glaube an die unverdiente Erlösung gegen das Bauen auf eigene Werke! Christi Mittlerschaft allein gegen die Anrufung Marias und der Heiligen! Die wahre Messe der Gemeinde unter beiderlei Gestalt von Brot und Wein gegen die Opfermesse des Priesters! Die Freiheit des Gewissens gegen das Gefängnis der Kreaturvergötterung! Das im Glauben befreite Vertrauen auf das bedingungslos geschenkte Heil gegen alle Heilsvorsorge durch Stiftungen, Schenkungen, Fasten, Beten, Almosen, Wallfahrten, Prozessionen und Ablasserwerb!

Ratsschreiber Lazarus Spengler verteidigte den Gebannten. Hier das Titelblatt seiner »Schutzrede für Martin Luther«, 1519

Die breite Gemeindereformation

Die zuletzt genannte Alternative deutet auch ein Potenzial an ökonomischer Entlastung für die Nürnberger Bevölkerung an. Mit dem bisherigen religiösen Leistungssyndrom wurde ein kostenaufwändiger Kultbetrieb abgeschafft, ebenso Sonderrechte für Kleriker und Klöster. Die Gemeinde wurde christlich erneuert, ihre Heiligkeit nicht mehr hierarchisch begründet, sondern im Hören auf Gottes Wort – und in der Praxis der Nächstenliebe. In diesem Sinne beschloss der Rat im Sommer 1522 eine neue Almosenordnung. Lazarus Spengler formulierte die Präambel. Die Unterstützung der Notleidenden galt nun nicht mehr als genugtuend-verdienstvolles Mittel des Heilserwerbs, sondern als dankbare Antwort des glaubenden und liebenden Menschen.

Die reformatorische Predigt löste 1522 eine »reformatorische Volksbewegung« aus, die in Nürnberg 1523 und 1524 ihre Blütezeit erlebte und im Frühjahr 1525 endete. Mit Volk sind sowohl die Vornehmen und Reichen als auch die besitzlosen Handwerksgesellen, Stückwerker, Tagelöhner und Dienstboten gemeint.

Eine große Menge an Gesellen, Lehrlingen und Dienstboten mit Messern und Hämmern fordert Steuer- und Abgabenfreiheit. Sonst werde man das Rathaus aufklopfen und die Ratsherrn erschlagen.

Der Rat der Stadt bestand aus 34 Patriziern und acht nahezu einflusslosen Handwerksmeistern. Zwischen ihm und der nicht-»ehrbaren« Untertanenbevölkerung, dem »Gemeinen Mann«, vermittelten die Prediger, der Ratsschreiber Spengler und andere humanistisch geschulte Intellektuelle. Sie gaben reformatorische Impulse an den Rat und brachten die Botschaft dem Gemeinen Mann nahe – mit agitatorischer Polemik und Propaganda, lehrhafter Darstellung und erbaulicher Anleitung.

Die mündliche Predigt heizte die Produktion von Flugschriften, Flugblättern und immer neuen Auflagen von Luthers Bibelübersetzung an. Bilder mit lehrhaftem und aggressiv-satirischem Charakter kursierten.

Gelegentlich kam es zu Gottesdienststörungen und zu gewaltsamen Aktionen gegen Sakralgebäude (wie das Franziskanerkloster) und gegen sakrale Bildwerke (wie das Sakramentshaus von St. Sebald). Messpriester und Mönche konnten sich in der Stadt nicht mehr sicher fühlen. Die Reformation war alles andere als friedlich, auch wenn ihre führenden Köpfe in Nürnberg stets handgreifliche Gewaltanwendung gegen Altgläubige ablehnten. Aggressiv verletzend war bereits die scharf polarisierende, polemisch attackierende, verzerrende und verspottende Sprache und Bildlichkeit. Auch die Altgläubigen schreckten vor unflätigen Beschimpfungen nicht zurück.

Zur Nürnberger Frühreformation gehörten auch reformatorische Gemeindelieder. Ratsschreiber Spengler verfasste schon 1524 das Lied »Durch Adams Fall ist ganz verderbt menschlich Natur und Wesen«. Heute stehen vier von seinen neun Strophen im Evangelischen Gesangbuch (Nr. 620).

Laien übernahmen die aktive und vorwärtsdrängende Rolle in der breiten Gemeindereformation der Jahre 1522 bis 1525, also Nicht-Fachtheologen und Personen ohne kirchliche Weihen. Sie machten mit Luthers umwälzender Vorstellung vom Priestertum aller Getauften ernst. Niemals sonst in der deutschen Geschichte haben Menschen aller Schichten und Berufe einen derartigen Anteil an Fragen der Theologie und Religion genommen, sich darin solche Kenntnisse und ein so selbstständiges Urteilsvermögen angeeignet und einen solchen Einfluss auf die Veränderung der Kirche ausgeübt wie in den Aufbruchsjahren der Reformation.

In Nürnberg waren nicht nur vornehme Bürger wie Spengler, Scheurl oder Dürer literarisch und bildnerisch aktiv, sondern auch Handwerker. Sie betätigten sich als Flugschriften-Autoren wie Hans Sachs, der Weber Niklas Kadolzburger und der Maler Hans Greiffenberger, sie verfertigten Bild-Flugblätter als Kupferstiche und Holzschnitte wie die Maler Sebald Beham, Barthel Beham und Jörg Pencz.

Im Juli 1523 verglich Hans Sachs in seinem Spruchgedicht »Die Wittenbergisch Nachtigall« den Reformator Luther mit einer »wunnigklichen«, »lieblichen« Nachtigall, die mit ihrer hell tönenden Stimme den Tag des klaren Evangeliums ankündigt und die schlafenden Menschen aus der Finsternis der römischen Verführung aufweckt. Die Metapher der »Wittenbergisch Nachtigall« wurde zum geflügelten Wort. Seine vier Reformationsdialoge von 1524 erreichten hohe Druckauflagen. Der Schuhmacher war im deutschen Sprachraum der erfolgreichste Flugschriften-Verfasser aus dem Handwerkerstand.

Innerhalb der Reformationsbewegung entstanden bald Antagonismen zwischen unterschiedlichen Richtungen. 1524 lehrte zum Beispiel der Sebalder Schulmeister Hans Denck unter dem Eindruck des Wittenberger Predigers Andreas Karlstadt, der Heilige Geist belehre fromme, ungebildete Laien unmittelbar – und nicht durch schulgelehrsame Fachtheologen. Seine spiritualistisch eingestellte Gruppe lehnte jede äußere Gnaden- und Glaubensvermittlung durch Wort, Schrift und Sakrament ab. Der Rat schritt gegen ihre Mitglieder ein: Er verwarnte den Maler Greiffenberger und verwies die »gottlosen« Maler Sebald und Barthel Beham-Brüder sowie Jörg Pencz zusammen mit Hans Denck der Stadt.

1524 und die ersten Monate von 1525 waren die Krisen- und Entscheidungszeit der Nürnberger Gemeindereformation. Die antiklerikale Radikalisierung der Bevölkerung, ihre bedrohlichen Animositäten gegen den Klerus und ihre Gottesdienststörungen nahmen zu. Mönche traten seit 1523 aus den Klöstern aus und Messpriester legten ihre kultischen Aufgaben nieder. Ehemalige Kleriker predigten nun zum Ärger des Rats und der von ihm berufenen Prediger außerhalb der Kirchen – so der ehemalige Priester Diepold Peringer.

Peringer gab sich als ungelehrter »Bauer von Wöhrd« aus. Mit dem Pathos des Laienpredigers predigte er gegen die »Abgötterei« der bisherigen Kirche, gegen falsches, hochmütiges Vertrauen auf den freien Willen sowie auf die Heiligkeit und Gelehrsamkeit von Menschen. Sein Wirken in Stadt- und Landgebiet ist ein Indiz dafür, dass im Frühjahr 1524 die städtische und bäuerliche Reformationsbewegung zusammenwuchsen – mit brisanten Konsequenzen, wie sich bald zeigen sollte. Neben Peringer gab es in Nürnberg auch predigende Handwerker. Der Rat verbot dieses wilde Predigen, woraufhin Peringer im Mai 1524 nach Kitzingen weiterzog.

Die gottesdienstlichen Änderungen von 1524

1523/24 standen sich die vorwärtsdrängenden Reformer mit Rückhalt in der städtischen und ländlichen Bevölkerung und der Nürnberger Rat mit seiner zurückhaltenden und bremsenden Reformationspolitik gegenüber. Letztlich kamen

beide Seiten im Frühjahr 1525 zu einem gemeinsamen Resultat.

Die vorwärtsdrängenden Reformer fanden sich – bei aller Disparatheit – darin zusammen, dass sie auf eine Verdeutschung des Gottesdienstes und auf das Abendmahl in beiderlei Gestalt drängten. Brot und Wein darzureichen symbolisierte seit der hussitischen Reformation die Aufwertung des Laienchristentums gegen kultische Klerikermonopole. In der Kirche des Augustinerklosters konnte man schon zu Ostern 1523 aus den Händen des Priors Wolfgang Volprecht das Abendmahl in beiderlei Gestalt empfangen. In der Himmelfahrtswoche vom 1. bis 7. Mai 1524 hielt Volprecht erstmals in Nürnberg eine rein deutsche Messe, aus der er – und das war das theologisch Revolutionäre – die Gebetstexte der Opferung und Wandlung gestrichen hatte. Er verhalf damit dem reformatorischen Abendmahlsverständnis in der Nürnberger Gottesdienstpraxis zum Durchbruch. Die Pröpste der Pfarrkirchen und ihre Prediger folgten einen Monat später seinem Vorbild.

Die konservativen Patrizierfamilien waren nur zögerlich zur Veränderung des Status quo bereit. Zwar begrüßte der Rat in seiner Mehrheit die neue Lehre, insistierte darauf, dass das Evangelium »lauter und rein« aus der Heiligen Schrift gepredigt werde und erstrebte eine antirömische Kirchenerneuerung. Doch wollte er als reichsstädtische Obrigkeit aus Tradition dem kaiserlichen Stadtherrn loyal sein und die offene Brüskierung vermeiden. Karl V. drohte der mächtigen Reichsstadt, an der sich so viele andere Kommunen orientierten, mit dem Verlust aller ihrer Privilegien und Freiheiten, falls sie gegen das Wormser Edikt von 1521, gegen das geltende Kirchenrecht und die Kirchenhoheit der Bischöfe verstoßen würde. Die

Aufrührerische Schrift eines Laienpredigers: Titelblatt des »Bauern von Wöhrd« (1524)

Stadt musste mit schwersten rechtlichen und militärischen Sanktionen, mit der Reichsacht und dem kirchlichen Interdikt rechnen.

In dieser bedrohlichen Situation beschränkte der Magistrat sich darauf, die evangelische Predigerbewegung moderat zu fördern und das liturgische Vorpreschen des Augustinerkonvents zu dulden. Im Übrigen aber wies er die Laienprediger in ihre Schranken und achtete darauf, dass – vor allem in den großen Pfarrkirchen unter seiner unmittelbaren Aufsicht – Liturgie und Brauchtum der alten Kirche nicht angetastet wurden. Er verbot sogar das Fleischessen während der vorösterlichen Fastenzeit 1524. Bis Ende Mai 1524 blieb Nürnberg daher – aufs Ganze gesehen – eine katholische Stadt.

Am 5. Juni 1524, dem 2. Sonntag nach Trinitatis, folgten die beiden Nürnberger Pröpste von St. Sebald und St. Lorenz der im Augustinerkloster erprobten Gottesdienständerung. Sie strichen den Messkanon mit den Opferungs- und Wandlungsworten des Priesters (Herzstück des katholischen Gottesdienstes) aus der Messliturgie. An die Stelle trat eine neu gestaltete Abendmahlsvermahnung mit Einsetzungsworten. Sie und die Evangeliums- und Epistellesung wurden in deutscher Sprache gesprochen, alle anderen Teile der Messe blieben lateinisch. Die Pröpste wählten also eine konservativere Variante als der Augustinermönch Volprecht.

Außerdem hatten die Pröpste beschlossen, die Salz- und Wasserweihe, die Stundengebete und das »Salve Regina« abzuschaffen und an den städtischen Kirchen keine Seelenmessen mehr zu halten. Das war der offene Bruch mit dem bisherigen religiösen System der Jenseitsvorsorge. Er veränderte das kirchliche Stiftungswesen des Mittelalters tiefgreifend und nahm vielen Priestern den Lebensunterhalt.

Hinter dem Vorgehen der Pröpste standen als treibende Kraft die Prediger. Offensichtlich hatte man sich nicht mit dem Nürnberger Rat abgesprochen. Dieser wollte zunächst – aus Sorge um die politischen Konsequenzen auf Reichsebene –

Die Drey Schüler, so die Körb tragen.

Schülern! Henßla halt aüff!
Conerla! mir was aüffn Obsmarckt einkaüft.

Beim Currende-Singen sammeln Schüler Brot in Körben.

Überlastete Sängerknaben

Jedes der sieben Nürnberger Klöster hatte eine Sängerschola, ebenso auch die Trivialschulen von Lorenz, Sebald, Egidien und Heilig Geist. In letzterer wurden zwölf Chorknaben seit 1333 unentgeltlich unterrichtet. Die Kantoren waren in den Schulen die wichtigsten Lehrer nach dem Rektor und verantwortlich für den gottesdienstlichen Gesang in den dazugehörigen Kirchen. Der (mehrstimmige) Figuralgesang nahm in den Schulchören allmählich einen immer breiteren Raum ein, einhergehend mit der wachsenden schöpferischen Kraft der Nürnberger Musiker. Im Laufe der Zeit waren die jugendlichen Sänger ständig be- und überlastet. Sie brauchten viel Zeit, um die teils sehr schwierigen Werke einzustudieren. Außerdem hatten sie regelmäßig im Gottesdienst und bei Trauungen und Beerdigungen zu singen. Um ihren Lebensunterhalt zu bestreiten, mussten sie oft täglich in den Straßen der Stadt in kleinen Gruppen umherziehen und um Geld und Naturalien singen.

HERRMANN HARRASSOWITZ

die Kultreform nicht akzeptieren, sondern das für den Herbst in Aussicht gestellte Speyerer Nationalkonzil abwarten.

Am 11. Juni teilte der Rat den Pröpsten mit: Da Zeremonien für die Seligkeit des Menschen nicht von Belang seien, sondern nur das, was er glaubt, sollen die Pröpste alle liturgischen Änderungen außer die deutsche Verlesung von Evangelium und Epistel und die Austeilung des Abendmahls unter beiderlei Gestalt wieder rückgängig machen. »Zugleich aber soll man von dem rechten Weg des Glaubens und Evangeliums mitnichten abweichen.« Die Linie des Rats lautete also: im Glauben und in der Verkündigung gut lutherisch, im Kult und in den Zeremonien traditionell-katholisch.

Die Pröpste aber ließen sich nicht mehr umstimmen und lehnten am 17. Juni das Ansinnen des Rats rundweg ab. Dann kam die unerwartete Wendung: Der Rat gab nach und duldete die Reformen der Pröpste, die diese durch eine Druckschrift Osianders rechtfertigten.

Von sich aus hätte der Nürnberger Rat ein derartiges Vorpreschen in der Kultfrage nicht gutgeheißen. Das Risiko, das er nun einging, waren die Räte von Frankfurt, Augsburg und Ulm in gleicher Lage nicht bereit zu tragen. Keiner zweifelte, dass die Drohungen des Kaisers ernst gemeint waren.

Der Streit eskaliert und der Rat lenkt ein (Juni 1524)

Das Umschwenken des Rats versteht nur, wer die Vorgänge des Juni 1524 in Nürnbergs Stadt- und Landgebiet berücksichtigt. Mit der religiösen Gärung verband sich sozial-ökonomische Unruhe unter den ärmeren Schichten, Vorzeichen der Bauernaufstände des Frühjahrs 1525. Am 2. Juni wurde auf dem Nürnberger Rathaus eine Bauerndelegation aus Poppenreuth, die Zehnterleichterungen forderte, festgehalten. Städtische Handwerker kamen den Bauern zu Hilfe. Eine große Menge von Gesellen, Lehrlingen und Dienstboten, Männer und Frauen, belagerte das Rathaus. Sie waren mit Messern und Hämmern bewaffnet und schrien den Ratsherren zu, sie sollten die Bauern sofort freilassen. Außerdem sollten sie

Steuer- und Abgabenfreiheit gewähren. Andernfalls werde man das Rathaus aufklopfen, den Reichen durch ihre Häuser laufen, die Ratsherren erschlagen und Zünfte errichten.

Der Rat ließ daraufhin die Bauerndelegation sofort frei und reagierte mit einer Politik flexiblen Einlenkens und einschüchternder Stärke, um eine solche bedrohliche Situation künftig zu vermeiden und Aufstände im Keim ersticken zu können. Er verstärkte die militärischen Ordnungskräfte, versicherte sich der Rückendeckung durch die Handwerksmeister und Prediger und ließ zwei Rädelsführer hinrichten. Zugleich erleichtert er die Steuern und Zinsen für die Stadtbewohner und später auch die bäuerliche Abgabelast. Mit Erfolg: Der Bauernkrieg griff 1525 nicht auf das Nürnberger Landgebiet über.

Der Rat hatte erkannt, dass die renitenten Bauern und Handwerker ihre Forderungen mit dem Evangelium und der Befreiung von Menschensatzungen rechtfertigten und sich auf die Prediger beriefen. Er musste daher die Pröpste und Prediger, die Führer der Reformation, auf seiner Seite haben. Die Theologen sollten dem Volk klar machen, dass das Evangelium um Christi willen das Gewissen von seelischen Belastungen befreie, nicht aber die Untertanen von äußeren, weltlichen Bindungen.

Eine Verweigerung der liturgischen Reformen hätte alle Kräfte der Gemeindereformation, auch die obrigkeitsloyalen, erbittert und damit die Situation eskalieren lassen.

In den Augen des Rats war die Gefahr eines innerstädtischen Konflikts gravierender als die drohenden Sanktionen auf Reichsebene. Vor allem der Ratsschreiber Lazarus Spengler leistete in diesem Sinne Überzeugungsarbeit.

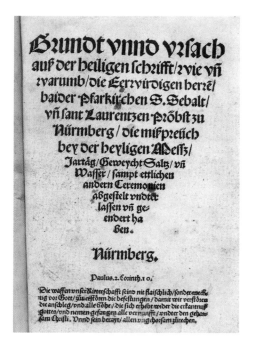

Rechtfertigt eilige Reformen: Andreas Osianders Schrift »Grund und Ursach« (1524)

»Die Leute warteten auf die Mönche und hätten sie gerne zerrissen. Etliche schrien, man solle ihnen die Mönche zum Fenster hinauswerfen.«

Nachdem sich der Rat erst einmal auf diesen Weg eingelassen hatte, ergriff er immer stärker die Zügel der Reformation und zog sie in seine obrigkeitliche Regie – durchaus aus Überzeugung. Mehrheitlich waren die Ratsherren schon 1521 bis 1524 von Luthers Einspruch gegen die Kirche Roms überzeugt.

Vom diplomatischen Lavieren zum öffentlichen Bekenntnis (Dezember 1524)

Als der Bamberger Bischof im September 1524 die Pröpste und den Augustinerprior exkommunizierte, entschuldigte sich der Rat zunächst noch gegenüber Bischof und kaiserlichem Statthalter, ihm seien durch die Unruhen im Volk und die akute Aufstandsgefahr die Hände gebunden. Das war kein purer Vorwand und doch zugleich verschleiernde Taktik. Nun ging der Nürnberger Rat vom diplomatischen Taktieren und Lavieren zum offenen Bekennen über und stellte sich gegenüber dem Kaiser deutlich hinter die Reformation.

In Deutschland war bekannt geworden, dass Karl V. von Spanien aus bei Strafe der Reichsacht verlangte, das Wormser Edikt strikt zu befolgen. Am 12. Dezember 1524 schrieben die süddeutschen evangelischen Reichsstädte – wie Nürnberg, Straßburg und Ulm – vom Ulmer Städtetag aus dem Kaiser nach Spanien. Offensichtlich hatte Lazarus Spengler diesen Brief konzipiert. Er kann als erstes öffentliches Bekenntnis der Reformation auf Reichsebene gelten.

Die Reichsstädte bekunden darin ihre gehorsame Treue zu Kaiser und Reich. Zugleich bekannten sie, dass sie dem Wort und Evangelium Christi bis in die Grube anhangen und es in Schutz nehmen. Dass wollten sie sich weder durch Kaiser und Reichsstände noch durch den Papst verbieten lassen. Dazu seien sie als Christen durch die Taufe verpflichtet. In Anlehnung an Luthers Zwei-Reiche-Unterscheidung halten sie fest: In weltlichen Dingen (»sovil unser leib und gut belangt«) wolle man dem Kaiser gehorsam sein und die reichsstädtische Tradition der Kaisertreue fortsetzen. Wo es aber um Gottes Wort, das »hail unser seelen« und das Gewissen geht, wollen die städtischen Magistrate den reformatorischen Standpunkt auch gegen den Kaiser festhalten und sich seinen Mandaten widersetzen. Nürnberg hatte dafür eine Art Federführung übernommen.

Dieser Entscheidung blieb Nürnberg in den folgenden Jahren treu. Das zeigt seine wichtige Rolle auf dem ersten Speyerer Reformationsreichstag 1526, die Unterzeichnung von Speyerer Protestation 1529 und Confessio Augustana 1530. Auch innerstädtisch trieb der Rat die Reformation voran und setzte sich an die Spitze der kirchlichen Neuordnung. Er folgte damit der Empfehlung des Juristen Scheurl: Wenn die Obrigkeit nicht selbst Hand anlegt, muss sie sich sorgen, dass sich die Rotschmiede und Messermacher hinter St. Jakob – dort war die Unruhe am größten – erheben und selbst »reformacion« machen. Nachdem es so weit gekommen sei, »dass die Kinder auf der Gasse, zu geschweigen die Weiber schreien ›Schrift, Schrift!‹«, sei eine obrigkeitliche Klärung notwendig, die alles auf sich beruhen lasse, was nicht auf dem Wort Gottes gegründet sei und dem reinen Evangelium widerspreche: »Päpste, Concilia, Väter, Tradition, Heiligkeit, Statut, Dekret, Gebrauch, alt Herkommen«.

Das Religionsgespräch (März 1525)

Der Rat hätte die Neuordnung der religiösen Verhältnisse im Alleingang dekretieren können. Doch um seine Legitimationsbasis für die geplanten Maßnahmen zu erweitern, veranstaltete er vom 3. bis 14. März 1525 nach dem Vorbild der Züricher Disputationen von 1523 ein Religionsgespräch im großen Rathaussaal, eine Art »Nürn-

berger Konzil«. Sprecher der Bettelordenvertreter vertraten die altgläubige Partei, die reformatorische stand unter Andreas Osianders Führung.

Das Ergebnis stand – wie bei den zahlreichen anderen städtischen Disputationsveranstaltungen der Reformationszeit – von vornherein fest. Der Rat hatte festgelegt, dass die Entscheidungsgrundlage die Bibel allein sein solle. Damit war das traditionelle katholische Kirchenwesen kaum zu verteidigen. Das war eine Innovation. Denn nach mittelalterlich-katholischen Vorstellungen war es unvorstellbar, dass eine Laiengemeinde durch ihre politischen Vertreter derart über Fragen der theologischen Lehre und des Gottesdienstes entscheidet.

In den Akten heißt es: Am ersten Tag des Gespräches »sammelte sich vor dem Rathaus eine große Volksmenge, um das Ende zu sehen; die Leute warteten auf die Mönche und hätten sie gerne zerrissen. Etliche schrien, man solle ihnen die Mönche zum Fenster hinauswerfen; etliche hätten gesagt, man solle sie unter die Mönche lassen, sie wüssten recht mit ihnen zu disputieren.«

Die reformatorische Neuordnung bis 1533

Mit der Neuordnung kam der Rat einer antiklerikalen und antimönchischen Volksstimmung entgegen. Die Zeit der Flugschriften und Laientheologen, die vielfältigen Laienaktivitäten und Unruhen – auch der Beteiligung von Frauen an der Reformation – waren vorbei. Die Laien sahen ihre religiösen und manche ihre sozial-wirtschaftlichen Anliegen durch die Obrigkeit aufgenommen.

Der Rat schrieb vor, den Messkanon in allen Gottesdiensten der Stadt zu beseitigen und evangelisch zu predigen. Dass alle Klöster aus Stadt und Landgebiet verschwinden sollten, war allerdings nur über einen längeren Zeitraum zu realisieren. Nicht alle Konvente folgten dem Vorbild der Augustinereremiten und lösten sich selbst auf. Die Klarissen von St. Klara und die Dominikanerinnen von St. Katharina hatten im 15. Jahr-

emption, steuerliche, wirtschaftliche und juristische Privilegien, wurde aufgehoben. Von ihren Konkubinen mussten sie sich entweder trennen oder sie heiraten.

Die bischöfliche Jurisdiktion galt in Nürnberg nicht mehr. Der Rat erfüllte seinen spätmittelalterlichen Wunsch nach obrigkeitlichem Kirchenregiment so schnell und total, wie es für ihn noch 1523 unvorstellbar war. Jetzt erst fiel die säkulare Bürgergemeinde mit der Kirchengemeinde zusammen, zumal Nürnberg 1498/99 alle Juden vertrieben hatte und bis weit ins 19. Jahrhundert keine Juden beherbergte. Gab es im Mittelalter große Vielfalt in der Stadt – Laien, Kleriker, Ordensleute, Angehörige der Dritten Orden und Beginen, Christen und Juden –, war die Einwohnerschaft in der Neuzeit konfessionell homogen.

Der Rat stellte Geistliche, die sich der Neuordnung anschlossen, als Kirchenbeamte an und besoldete sie. Sie blieben für Gottesdienst und Seelsorge zuständig. In einem langwierigen und konfliktreichen Prozess ließ der Rat eine Kirchenordnung durch seine Theologen und mit Hilfe des Schwäbisch-Haller Reformators Johannes Brenz erarbeiten. Sie legte die Lehrnorm, die dienstlichen Aufgaben der Geistlichen und ihre gottesdienstlichen Agenden fest. Spenglers Religionsdiplomatie war es zu verdanken, dass die Ordnung 1533 gemeinsam mit den brandenburgisch-markgräflichen Fürstentümern Ansbach-Kulmbach beschlossen wurde. Die Verbundenheit im Glauben und in der Konfessionspolitik überbrückte die traditionelle Feindseligkeit zwischen Reichsstadt und fränkischen Markgrafen. In der Brandenburg-Nürnbergischen sah Spengler die Krönung des Nürnberger Reformationswerks. Sie wurde für viele andere Städte und Territorien vorbildlich.

Hatte es im Mittelalter noch eine große Vielfalt in der Stadt gegeben – Laien, Kleriker, Ordensleute, Beginen, Christen und Juden –, so war die Einwohnerschaft in der Neuzeit konfessionell homogen.

hundert ihre Klöster reformiert, strenge Regeln und literarische Bildung eingeführt. Sie wollten sich nicht reformatorischen Seelsorgern unterwerfen. Sie fühlten sich als ›Bräute Christi‹ ihrem Gelübde lebenslang verpflichtet.

Der Rat verbot renitenten Klöstern Neuaufnahmen und ließ sie so im Laufe des 16. Jahrhunderts aussterben. Kirchen- und Klostergut sowie die Stiftungskapitalien wurden dem Almosenkasten inkorporiert. Aus ihm wurden nicht nur die Bedürftigen versorgt, sondern vor allem auch das kirchliche Personal und das Schulwesen finanziert. Die Geistlichen wurden durch den Bürgereid in die Laiengemeinde integriert; ihre Ex-

Religiöse Homogenität

Nach 1525 strebte der Nürnberger Rat nach religiöser Homogenität in seinem Herrschaftsgebiet. Er wollte alle Stadtbewohner nicht gegenüber der päpstlichen Seite auf das alleinige Legitimationsprinzip der Heiligen Schrift verpflichten – und im Gegenüber zu den Zwinglianern, Täufern und Spiritualisten auf die lutherische Bekenntnisnorm, wie sie sich von 1525 bis 1530 herausbildete.

1527 verfasste Lazarus Spengler das wohl erste Glaubensbekenntnis der Reformation wider Altgläubige und Schwärmer – ein persönliches Privatbekenntnis, dessen Endfassung dann Luther 1535 in Wittenberg als vorbildliches Glaubenszeugnis zum Druck gab. Überhaupt empfahl Luther das »Nürnbergische Exempel« einer Obrigkeit, die für »einerlei predigt« sorgt, zur Nachahmung. Nur so behalte die Reichsstadt ihren inneren Zusammenhalt und könne prosperieren.

Daher verbot der Rat nach 1525 den Druck und die Verbreitung aller Schriften, die sich gegen Luthers realpräsentische Abendmahlslehre wandten und ein zwinglianisch-oberdeutsches symbolisches Abendmahlsverständnis vertraten. Daher reagierte Lazarus Spengler auch vehement ablehnend, als sein Kanzleischreiber Georg Frölich im Frühjahr 1530 ein Memorandum vorlegte, das die tolerante Freigabe aller friedlichen Religionsweisen in der Stadt forderte, um den konfessionellen Frieden zu sichern.

Vor 1526 wurden Huldrych Zwinglis Schriften in Nürnberg viel gelesen. Auch Spengler schätzte ihn als Reformationstheologen. Nun wurde Zwingli zur Zielscheibe offizieller Polemik.

Bewahren, vermitteln

Zugleich verhielt sich der Rat oft sehr moderat. Theologen, insbesondere Osiander, und Juristen verlangten harte Strafen für Täufer, die nicht widerriefen, sogar die Todesstrafe, wie sie das Reichsrecht vorschrieb. Der Rat begnügte sich hingegen damit, hartnäckige Täufer zu inhaftieren und auszuweisen.

Die traditionelle Ohrenbeichte mit der Nötigung, einzelne Verfehlungen zu benennen, wurde zwar abgeschafft; beibehalten wurde aber die Einzelbeichte, die es den Seelsorgern ermöglichte, sich über den Glaubensstand ihrer Beichtkinder zu informieren und sie persönlich über das rechte Christenleben zu belehren.

Mit der Abschaffung der Heiligenfeste ging der Rat längst nicht so weit, wie die Prediger es

verlangten. Auch verweigerte der Rat den Geistlichen das Recht zur Kirchenzucht, insbesondere den Ausschluss vom Abendmahl. Auf keinen Fall duldete er eine eigene kirchliche Jurisdiktion neben der obrigkeitlichen. Damit hatte der Rat die Bevölkerung auf seiner Seite, die Untertan des Rats, nicht aber der Prediger sein wolle. Die Zeiten päpstlicher Tyrannei seien endgültig vorbei.

Auch in der Bilderfrage beschritt der Rat – nicht ganz im Einklang mit den Predigern und im Gegensatz zu bilderfeindlichen Tendenzen in der Gemeinde – einen gemäßigten Weg. Er lehnte ab, religiöse Bilder aus den Kirchen zu entfernen, wie in Zürich, Straßburg und Ulm. Selbst Bilder, die einen offenkundigen Bezug zur altgläubigen Heiligenverehrung hatten, blieben verschont. Sie

Erstes Glaubensbekenntnis der Reformation von Lazarus Spengler (1527), erste Seite eines Autographs (Faksimile)

Als der Rat bemerkte, dass ein Marienbild Anlass zu Abgötterei gab, ließ er es sofort entfernen.

waren größtenteils von Patriziern gestiftet worden. Ihre Familientradition war den Ratsherren offensichtlich wichtiger. Man solle mit den Bildern eben keinen Kult mehr treiben – eine typisch lutherische Einstellung. Als der Rat 1529 bemerkte, dass das schwarze Marienbild in der Frauenkirche am Markt Anlass zur »Abgötterei« gab, ließ er es sofort entfernen.

Zum gebremsten und unfanatischen Charakter der Nürnberger Reformation passen die starken Sympathien für eine humanistisch inspirierte Schul- und Bildungsreform. 1526 wurde ein neuer Schultyp geschaffen, das Gymnasium. Mit Melanchthons Hilfe konnte man hierfür humanistische Köpfe gewinnen. Deren geistiger Horizont wäre mit einer Haltung konfessioneller Enge schwer zu vereinbaren gewesen.

Die Symbiose von Humanismus und Reformation und die Vorliebe für ein melanchthonisch abgemildertes Luthertum waren noch Jahrzehnte später Grund dafür, dass die Nürnberger sich nicht auf eine dezidiert lutherische Konkordienformel verpflichten wollten. Dazu passt auch, dass die Reichsstadt (anders als das damalige Luthertum sonst) den Exorzismus bei der Taufe abschaffte.

Auch auf Reichsebene übte der Nürnberger Rat Zurückhaltung. Traditionelle Kaisertreue und konservatives Obrigkeitsverständnis verbaten ihm militärischen Widerstand gegen den Stadtherrn. In Abstimmung mit dem fränkischen Markgrafen Georg blieb Nürnberg dem Schmalkaldischen Bund fern. So blieben der Reichsstadt 1548 nach der Niederlage der Schmalkaldener gegen die kaiserlichen Truppen politische, militärische und wirtschaftliche Belastungen erspart. Allerdings wurden die Nürnberger vorübergehend zur Annahme des Augsburger Interims gezwungen. Hans Sachs führte in einem Gedicht bitter Klage über die Gefangenschaft der göttlichen Wahrheit. Nürnbergs Umgestaltung zu einer evangelischen Stadt innerhalb weniger Jahre war aber nicht mehr rückgängig zu machen. ●

▶ **PROF. DR. BERNDT HAMM**
hat den Lehrstuhl für Neuere Kirchengeschichte an der Friedrich-Alexander-Universität Erlangen-Nürnberg inne.

· ·

▶ **BÜCHER DES AUTORS**

Bürgertum und Glaube. Konturen der städtischen Reformation, Göttingen 1996.

Lazarus Spengler (1479–1534). Der Nürnberger Ratsschreiber im Spannungsfeld von Humanismus und Reformation, Politik und Glaube. Mit einer Edition von Gudrun Litz, Tübingen 2004 (Spätmittelalter und Reformation. Neue Reihe 25).

· ·

▶ **MEHR ZUM THEMA**

Katalog einer Ausstellung Zum 18. Deutschen Evangelischen Kirchentag 1979 zeigte das Germanische Nationalmuseum Nürnberg die Ausstellung »Reformation in Nürnberg. Umbruch und Bewahrung«. Hierzu erschien ein gleichnamiger Katalog. Verlag Medien & Kultur Nürnberg 1979, broschiert, 250 Seiten, nur antiquarisch verfügbar

▶ **REICHSSTADT UND REFORMATION**

Gerhard Pfeiffer (Hg.): Nürnberg – Geschichte einer europäischen Stadt, München 1971.

Gottfried Seebaß: Stadt und Kirche in Nürnberg im Zeitalter der Reformation, in: Bernd Moeller (Hg.): Stadt und Kirche im 16. Jahrhundert (Schriften des Vereins für Reformationsgeschichte 190), S. 66–86.

Karl Schlemmer: Gottesdienst und Frömmigkeit in der Reichsstadt Nürnberg am Vorabend der Reformation, Würzburg 1980

Heinrich Richard Schmidt: Reichsstädte, Reich und Reformation. Korporative Reichspolitik 1521–1529/30, Stuttgart 1986 (Veröffentlichungen des Instituts für Europäische Geschichte Mainz 122).

Sebald Heyden (1499–1561)

Er war der letzte vorreformatorische Spitalkantor (1519–21), dann Spitalschulrektor und von 1525 bis zu seinem Tod Rektor der Sebalder Schule. Als eifriger Verfechter der evangelischen Lehre dichtete er 1523 während des Reichstags in Nürnberg die in Nürnberg häufig gesungene Marien-Antiphon »Salve regina« um zu »Salve Jesu Christe«. Mit Einführung reformatorischer Gottesdienste am 2. Juni 1524 wurde die Marienantiphon gar nicht mehr gesungen. Als Rektor schrieb Heyden das Musiklehrbuch »Ars canendi«. Acht Lieder sind von ihm überliefert. Eines findet sich bis heute im evangelischen Gesangbuch (Nr. 76): »O Mensch, bewein dein Sünde groß« (ca. 1530), eine Nacherzählung der Passion Christi in ursprünglich 23 Strophen. Die erste Strophe wurde durch Bachs geniale Bearbeitung in der Matthäuspassion weltberühmt.

Lazarus Spengler (1479–1534)

Mit 28 Jahren übernahm er bis zu seinem Tod das höchste Verwaltungsamt der Stadt: Vorderster Ratsschreiber. 1518 lernte er Luther in Nürnberg kennen. 1519 schrieb er die »Schutzrede und christliche Antwort eines ehrbaren Liebhabers christlicher Wahrheit«, die ihm den päpstlichen Bann einbrachte (▶ S. 45), nahm als Geächteter 1521 am Reichstag zu Worms teil, bekam im gleichen Jahr aber Absolution. Spengler führte 1525 in seiner Vaterstadt die Reformation mit ein, war 1530 ein Unterzeichner des Augsburger Bekenntnisses, wurde – mit Andreas Oslander – 1533 zum Vater der Brandenburg-Nürnberger Kirchenordnung. 1524 erschien sein Lied »Durch Adams Fall ist ganz verderbt« in Johann Walters »Geistlichen Gesangbüchlein« im fünfstimmigen Chorsatz, zunächst mit eigener Melodie. Ab 1529 erscheint es im Klugschen Gesangbuch mit der Melodie von »Was wölln wir aber heben an« gesungen – des Liedes, das deutsche Landsknechte in der Schlacht von Pavia am 24. Februar 1525 sangen (»Pavier-Ton«). Im Evangelischen Gesangbuch Nr. 243 sind sieben der neun Strophen erhalten, im bayerischen Gesangbuch Nr. 620 die Strophen 4 bis 7 mit dem abgeänderten Beginn »Christ ist« statt »Er ist«.

HERRMANN HARRASSOWITZ

Der Schulerfinder

In Nürnberg entstand ein ganz neuer Schultyp: das humanistische Gymnasium. Es sollte ein dauerhaftes Bollwerk gegen den Unfrieden schaffen: Bildung.

—

VON JOHANNES FRIEDRICH

Ein »Krischperl« war dieser Mann, wie man in Nürnberg sagt. Gerade mal 1 Meter 51 groß, dazu schmächtig und eher schüchtern. Und doch war er von größter Bedeutung für die Reformation und das deutsche Bildungswesen. Philipp Melanchthon – dieses Männchen – neben Martin Luther, dem Reformator von beleibter Gestalt, sinnenfroh und immer für gutes Essen und Trinken zu haben: Das muss schon ein interessantes Bild gewesen sein.

Nürnberg war um 1500 eine Kaufmannsstadt. Wer Geschäfte machen wollte, musste schreiben und lesen können. Mehr als 50 Prozent der Nürnberger konnten dies. Neben der wirtschaftlichen und politischen war es auch zu einer kulturellen Blüte um diese Zeit in der Reichsstadt gekommen.

Im Umfeld der großen Kirchen existierten vier Lateinschulen. Daneben lernten Handwerker und Kaufleute die praktischen Kulturtechniken ihres Berufs in deutschen Schreib- und Rechenschulen. Sie standen auch für Mädchen offen. Den Unterricht erteilten Schreibmeister und Lehrfrauen, wie aus einer Chronik von 1487 hervorgeht. Seit 1496 hatte die Stadt nach italienischem Vorbild außerdem eine Poetenschule eingerichtet. Die Gründung hatten die Humanisten Konrad Celtis und Johann Pirckheimer (Vater von Willibald und Caritas) vorangetrieben. Allerdings wurde sie mangels Schülern 1509 schon wieder geschlossen.

Was in Nürnberg fehlte, war das Zwischenglied zwischen Lateinschule und Universität. Deshalb trat die Stadt 1525, schon vor der Reformation in ihren Mauern, an den berühmten Philipp Melanchthon mit der Bitte heran, ihr bei der Errichtung einer solchen »oberen Schule« behilflich zu sein. Melanchthon sagte zu, wenn auch nicht als Rektor, wie es der Rat gern gesehen hätte. Dafür brachte er seinen Freund Joachim Camerarius mit.

Die Schulgründung in den Mauern des ehemaligen Benediktinerklosters St. Egidien war ein Pilotprojekt: das erste Gymnasium nach dem bildungspolitischen Programm der Reformation in Deutschland. Berühmte Humanisten wie Eoban Hessus und Michael Roting ließen sich als Lehrer gewinnen.

Nobler Melanchthon: Kupferstich von Albrecht Dürer (1526)

Welche Hoffnungen das gebildete Nürnberg mit dieser Schulgründung verband, zeigt sich an den »Vier Aposteln« von Albrecht Dürer, die sich heute leider in München befinden statt im Germanischen Nationalmuseum zu Nürnberg. Nach einer verbreiteten Deutung dieser Tafeln trägt Johannes die Züge Melanchthons, Paulus die des Rektors Camerarius, Petrus die von Eoban Hessus und Markus die von Michael Roting.

Programm: Charakterbildung

Am 22. Mai 1526 eröffnete Melanchthon das Gymnasium mit der feierlichen Eröffnungsrede »Zum Lob der neuen Schule«. In Anspielung auf die bis heute beeindruckenden Mauern der Reichsstadt sagt er: »Wenn auf eure Veranlassung hin die Jugend gut ausgebildet ist, wird sie eurer Vaterstadt als Schutz dienen. Denn für die Städte sind nicht die Bollwerke oder Mauern zuverlässige Schutzwälle, sondern die Bürger, die sich durch Bildung, Klugheit und andere gute Eigenschaften auszeichnen.«

Das höchste aller Güter sei die Kenntnis der Wissenschaft. Ohne sie werde der Mensch zum wilden Tier. In der Präambel zum Lehrplan, der im Wesentlichen dem gleicht, was bis dato das Grundstudium an den Universitäten umfasst, verdeutlicht er, dass die Unterrichtung der Jugend dem Willen Gottes entspricht. Gleichzeitig solle der Staat wissen: Die Jugend ist der Nährboden eines gelingenden Gemeinwesens. Ohne Bildung, ohne Unterricht hat das Gemeinwesen keinerlei Zukunft.

Melanchthon benennt drei Unterrichtsziele: Virtus, die Tugend, ist die sittliche Lebensführung. Sie orientiere sich an den Zehn Geboten. Humanitas, Menschlichkeit, zeichne sich durch Moderatio (Besonnenheit) aus. Von diesem Wort stammt auch der Begriff Moderation – Kommunikations- und Diskursfähigkeit. Pietas, Frömmigkeit, verbinde den Humanismus mit Glaube, Liebe und Hoffnung. Ohne Glauben gebe es keine Bildung – wie es ohne Bildung keinen Glauben gibt. Der Humanitas entspricht die Forderung, Menschen zu wahren Menschen zu bilden.

Rio Reiser, Lead-Sänger der Band »Ton Steine Scherben«, war Schüler am Melanchthon-Gymnasium. Georg Wilhelm Hegel war acht Jahre Direktor.

Die »Obere Schule« erfüllte lange Zeit nicht das, was man sich von ihr versprochen hatte. Der Bildungswille der Nürnberger wurde zunächst von einem ökonomischen Renditedenken überlagert. »Sie träumen nur von Safran und Pfeffer«, klagte Eoban Hessus nach wenigen Jahren seiner Lehrtätigkeit.

Bis heute ist das Melanchthon-Gymnasium eine renommierte Lehranstalt. Ihr zweifellos berühmtester Direktor war von 1808 bis 1816 der Philosoph Georg Wilhelm Friedrich Hegel, hier entstanden viele seiner wichtigen Werke. Andere prominente Schüler sind der Theologe Wilhelm Löhe, der die bayerische Diakonie und die Mission in Neuendettelsau Mitte des 19. Jahrhunderts ins Leben rief, und Rio Reiser, der Lead-Sänger der Band »Ton Steine Scherben«.

Melanchthons Plädoyer für Bildung ist ganz aktuell. Wenn er in seiner Nürnberger Festrede Bürger, die sich durch Bildung und Klugheit auszeichnen, Schutzwälle eines Gemeinwesens nennt, entspricht das einer sehr aktuellen Einsicht: Bildung ist in der Tat der Schlüssel für eine intakte Gesellschaft.

Melanchthon plädierte für Charakter- und Gewissensbildung sowie für eine dem christlichen Ethos und dem Gemeinwohl verpflichtete Haltung der Gebildeten. Es ging ihm nicht nur darum, Menschen zu bilden, sondern Menschen zu Menschen zu bilden. Wohin eine Gesellschaft kommt, in der die Freiheit und die Würde des einzelnen Menschen nicht ins Bildungsprogramm gehören, haben nationalsozialistische und stalinistische Schreckensherrschaft gezeigt.

Die Klosterreformen

Der Besuch des Reformators in Nürnberg im Mai 1526 war mit einer weiteren Aktion verbunden. Nach Einführung der Reformation war offen, wie sich Klöster der Stadt zur Reformation stellen sollten. Die meisten lösten sich auf, darunter das Benediktinerkloster zu St. Egidien. In dessen nun leerstehende Gebäude zog das neue Gymnasium ein.

Die Äbtissin Caritas Pirckheimer, Schwester des Humanisten Willibald Pirckheimer, und ihre Klarissen widersetzten sich jedoch der Reformation. An der Stelle, wo ihr Kloster stand, befindet sich heute das Caritas-Pirckheimer-Haus, die Diözesan-Akademie des Erzbistums Bamberg.

Die Stadtregierung ließ das widerspenstige Kloster weiter bestehen, untersagte aber Neueintritte. Lutherische Beichtväter hielten in ihnen Gottesdienste nach reformato-

Melanchthon bei der Eröffnung der Oberen Schule zu Nürnberg.
Freske in der Gedächtnishalle des Melanchthonhauses in Bretten

rischer Ordnung. Ein städtischer Pfleger, der Ratsherr Kaspar Nützel, wachte bei den Klarissen darüber, dass dies auch eingehalten wurde. So hoffte man, die renitenten Nonnen doch noch für die Reformation zu gewinnen. Nützel übte nicht geringen Druck auf den Konvent aus:

Caritas widersetzte sich in Briefen und Gesprächen geschickt und in humanistischer Argumentation der städtischen Religionspolitik. Ihre Aufzeichnungen »Denkwürdigkeiten der Caritas Pirckheimer« geben ein lebendiges Bild dieser Auseinandersetzungen.

Melanchthon sollte auf Caritas und ihren Konvent einwirken, so wollten es die Stadtverantwortlichen. Es kam zu einem bemerkenswerten Gespräch zwischen Reformator und Äbtissin, über das sich beide nachträglich sehr positiv äußerten. Theologisch und atmosphärisch kamen sie in allen Punkten überein – außer in der Frage, welchen Wert Klostergelübde haben. Caritas hielt an ihnen fest, Melanchthon stellte sie weit unter das Bekenntnis zu Christus.

Vor dem Gespräch hatte sich der Gast gründlich bei Willibald Pirckheimer über die Lage der Klöster in Nürnberg und über die Äbtissin informiert. Nach dem Gespräch wirkte Melanchthon auf das städtische Regiment, insbesondere auf Nützel ein, den Druck aus ihrem Wunsch nach einem Übertritt zur Reformation von den Klöstern zu nehmen. Nützel entschuldigte sich sogar schriftlich für sein bisheriges Vorgehen (▶ S. 68).

Das reformatorische Nürnberg hat noch weit über das 16. Jahrhundert hinaus Melanchthon als seinen geistigen Vater in Ehren gehalten.   ●

▶ **DR. JOHANNES FRIEDRICH**
war Landesbischof der Evangelisch-Lutherischen Kirche von Bayern und ist seit 2011 im Ruhestand.

Biografisches

1497 *Geburt in Bretten.*

1509 *mit zwölf Student in Heidelberg.*

1514 *mit 17 Magister (entspricht heute einem »Dr. phil.«)*

1518 *mit 21 Griechischprofessor in Wittenberg. Seine Antrittsvorlesung »Über die Notwendigkeit, das Studium der Jugend neu zu gestalten« wirkt wie ein Paukenschlag. Aus ganz Europa strömen Studenten nach Wittenberg. Bis zum Lebensende hält Melanchthon Vorlesungen in überfüllten Hörsälen.*

Humanist

Man hatte im Spätalter nicht die Bibel selbst gelesen, sondern was Kirchenväter und mittelalterliche Kommentatoren über die Bibel lehrten. Als Humanist wollte Melanchthon »zurück zu den Quellen«. Zur Bildung gehörte fortan, das hebräische, griechische oder lateinische Original zu lesen. Humanisten wie Melanchthon betonten auch Freiheit, Würde, Wert und die Verantwortung des Individuums. Ganz plastisch wird das in den Porträts von Albrecht Dürer. Dürer arbeitet die Persönlichkeit und Individualität heraus, statt wie die Künstler bis dahin den Typus.

»Lehrer Deutschlands«

Martin Luther hatte 1520 Stadträte und Landesherrn zur Gründung von Schulen aufgefordert. Der Organisator des reformatorischen Schulwesens nach 1500 wurde Philipp Melanchthon, weshalb man ihm schon zu Lebzeiten den Ehrentitel Praeceptor Germaniae verlieh: Lehrer Deutschlands. In den katholischen Reichsteilen waren seine Schriften genauso verbreitet wie in den evangelischen. Die Katholiken ließen nur Melanchthons Namen auf dem Titelblatt weg.

»Das Auge und Ohr Deutschlands, das alles sieht und hört«

Eine kurze Geschichte des Nürnberger Buchdrucks von der Reformationszeit bis zum Barock

—

VON DOMINIK RADLMAIER

Neben den Reichsstädten Straßburg, Augsburg und Köln entwickelte sich die fränkische Metropole Nürnberg schnell zu einem bedeutenden Druckort, in dem bis zum Jahr 1500 über 900 Titel gedruckt wurden. Den Vertrieb der Druckwerke übernahmen Buchführer, wie Buchhändler zunächst genannt wurden. An die große Zeit des Nürnberger Buchhandels erinnert die im Jahr 1531 gegründete Buchhandlung »Korn & Berg« (Hauptmarkt 9) als die älteste Buchhandlung Deutschlands noch heute. Im 16. und 17. Jahrhundert waren hier 117 Drucker tätig, hinzu kommen einige wenige Drucker, die vor 1500 wirkten. Eine – rein subjektive – Auswahl tut also not, um fast drei Jahrhunderte Nürnberger Druckgeschichte skizzieren zu können.

Die ersten Wiegendrucke

Das Zeitalter des gedruckten Buches begann in Nürnberg nicht mit einer Bibel, sondern mit dem moraltheologischen Werk »Comestorium vitiorum« (Speisesaal der Laster) des Dominikanermönches Franz von Retz, latinisiert: Franciscus de Retza. Als typischer Wiegendruck zeigt das Buch alle Merkmale einer mittelalterlichen Handschrift, die bereits Johannes Gutenberg (um 1400–1468) für seine berühmte 42-zeilige Bibel berücksichtigt hatte: großes Format, zweispaltiges Layout, rubrizierte Initialen und kein Titelblatt (Abb. 1, ▶ S. 62). Johann Sensenschmid aus Eger (um 1422–1491), der nur rund zehn Jahre in Nürnberg lebte, brachte 1470 dieses Buch über die sieben Hauptsünden auf den Markt. Es gilt als das älteste nach der Methode des Johannes Gutenberg gedruckte Buch aus einer Nürnberger Presse.

Wie in der Frühzeit des Buchdrucks üblich, war Sensenschmid nicht nur Drucker, sondern zugleich sein eigener Verleger und Buchhändler – ein Druckerverleger. Die Konkurrenz des aufstrebenden Buchgewerbes schlief nicht und setzte den sogenannten Erstdrucker Nürnbergs finanziell unter Druck. Wegen eines Überangebotes sanken die Buchpreise. Um 1480 verlegte Johann Sensenschmid, der mit dem Mainzer Gutenberg-Adepten Heinrich Keffer (um 1420 – nach 1480) dem Buchdruck in der Reichsstadt den Weg bereitet hatte, seine Werkstatt nach Bamberg.

Zur gleichen Zeit gab der Bäckerssohn Anton Koberger (um 1445–1513) mit dem »Manuale confessorum« (Handbuch der Bekenntnisse) des

Dominikanerpriors Johannes Nider, einem Schüler des Franz von Retz, seinen ersten Druck heraus. Mit Bedacht hatte er Niders Standardwerk zur seelsorgerischen Praxis als seinen Erstling gewählt. Die ungebrochene Nachfrage der Zeitgenossen versprach nahezu risikolosen Absatz.

Bislang vermutete man, dass der gebürtige Nürnberger Anton Koberger ausgebildeter Goldschmied war. Die jüngere Forschung stellt das allerdings infrage. Um 1500 avancierte er jedenfalls zum innovativsten, einflussreichsten und vermögendsten deutschen Druckerverleger. Seine Offizin, in der Sprache der Drucker die Buchwerkstatt, mit 15–20 Pressen hatte Anton Koberger am Egidienplatz Nr. 9–13, vis-à-vis des ehemaligen Benediktinerklosters St. Egidien.

Die Koberger'sche Druckerei war manufakturähnlich organisiert. Hier sind insgesamt mehr als 250 Werke entstanden. Als Novum bot Koberger ein Verlegereinband an, denn Bücher wurden zu jener Zeit und darüber hinaus ungebunden verkauft. Charakteristisch für Koberger-Drucke sind auch die qualitätvollen Illustrationen. Das Verlagsprogramm war an den Bedürfnissen eines internationalen Marktes orientiert, vorzugsweise für einen klerikalen Kundenkreis.

Folgerichtig hat Koberger nur vereinzelt humanistische, philosophische, juristische oder historische Literatur verlegt, es überwiegen theologische Werke in lateinischer Sprache wie die Schriften der Kirchenväter. Bis 1500 druckte er allein zwölf Bibelausgaben. Nebenbei unterstützte der versierte Druckerverleger sein Patenkind Albrecht Dürer (1471–1528) bei der Drucklegung seines ersten großen Buchprojekts, dem Bestseller des Jahres 1498: die »Apocalipsis cum figuris« (Die illustrierte Apokalypse nach der Offenbarung des Johannes).

Ein ausgeklügeltes logistisches System erlaubte den Vertrieb der eigenen Druckerzeugnisse über Niederlassungen in 16 Städten, darunter Amsterdam, Basel, Venedig und Wien. Koberger übertrug den Druck bestimmter Bücher an kleinere Offizinen, lagerte also Produktionsprozesse aus. So konnte er herstellungsbedingte Risiken minimieren. Andererseits war er, wie im Fall des

mit über 1.800 Illustrationen versehenen »Liber chronicarum« (Weltchronik) des Hartmann Schedel, ohne finanzielles Risiko nur als Lohndrucker tätig oder wirkte auch als reiner Verleger einer achtbändigen Bibelausgabe, die er in Basel drucken ließ. Im Jahr 1504 schließlich zog sich Koberger aus dem Druckgeschäft zurück und widmete sich nur noch Buchhandel und Verlagswesen. Trotz seiner marktbeherrschenden Stellung – man nannte ihn respektvoll »Fürst der Buchhändler« – konnten sich neben Anton Koberger diverse kleinere Betriebe mit einer Nischenproduktion behaupten.

Georg Stuchs (gest. 1520), in der Unteren Schmiedgasse war seine Werkstatt zwischen 1514 und 1517 ansässig, druckte zum Beispiel seit 1484 vornehmlich Liturgica in Nürnberg.

Die Reichsstadt wurde protestantisch. Ihre Drucker erschlossen sich den wachsenden Buchmarkt der evangelischen Länder.

Der gebürtige Oberbayer Hieronymus Höltzel (gest. vor 1532) betrieb ab 1499 den Druck von Lehrbüchern, Flugblättern, kaiserlichen Mandaten, scholastischer und humanistischer Literatur sowie von Dürer'scher Grafik. Später kamen Reformationsdrucke, darunter im Jahr 1517 Luthers Thesen über den Ablass, und Schriften des Hans Sachs hinzu. Hötzel konnte in einem Zeitraum von 25 Jahren beachtliche 217 Drucke vorlegen.

Die Reformation als Motor der Schwarzen Kunst

Das Druckgewerbe erlebte durch Reformation und Humanismus einen enormen Aufschwung. Flugblätter, theologische Denkschriften, Zeitun-

3 ▶

1

2

gen, Texteditionen antiker Autoren kamen auf den Markt, erreichten neue Leserschichten abseits des Klerus und führten zu einem Strukturwandel der Buchbranche. Vor allem in den Städten nahmen die bürgerlichen Schichten Anteil an den kontrovers diskutierten gesellschaftlichen, politischen und theologischen Fragestellungen ihrer Zeit. Ein immenses Bedürfnis nach Informationen herrschte vor, das den schnell produzierbaren Flugblättern und Flugschriften, deren Potenzial vor allem Martin Luther für sich nutzte, eine hohe Akzeptanz verschaffte.

Flugschriften waren Massenware: zwischen 1500 und 1520 wurden im deutschsprachigen Raum annähernd 10.000 Flugschriften mit einer Auflage von jeweils 1.000 Stück publiziert. Nürnberg, ein gut vernetztes Innovationszentrum von europäischer Bedeutung, profitierte von den Geistesströmungen der beginnenden Neuzeit in vielerlei Weise. Gegenüber Helius Eobanus Hessus bemerkte 1528 Luther über Nürnbergs Bedeutung als Informations- und Medienstandort: »Quod Norimberga sit fere oculus et auris Germaniae, quae videt et audit omnia.« (Deshalb sei Nürnberg beinahe das Auge und Ohr Deutschlands, das alles sieht und hört). Mit dem Übertritt

der Reichsstadt zum Protestantismus 1525 profitieren die Nürnberger Drucker vom Literaturappetit der evangelischen Länder und erschlossen sich ihren Buchmarkt. Allerdings kamen sie regelmäßig in Konflikt mit der reichsstädtischen Zensurstelle, die antikaiserliche oder religiös-radikale Schriften nicht dulden konnte.

Zu den wichtigsten Druckern von Reformationsschrifttum gehört neben Johann Stuchs (tätig 1509–1540) mit seiner Offizin in der Schildgasse 17 und einem Buchladen im Plobenhof nahe der Frauenkirche vor allem Friedrich Peypus aus Schlesien (um 1485–1535). Bei Peypus, der von seinem Schwiegervater zur Hochzeit zwei Serien Lettern erhalten hatte, erschienen 1518 der Lutherdruck »Sermon von päpstlichem Ablaß und Gnade« und 1524 »Das Alte / Neue Testament mit fleyss verteutscht von Martini Luther« (Abb. 2 u. 3).

Ferner sei das Ehepaar Georg und Kunigunde Wachter (beide gest. 1547) mit einer Produktion von über 250 Werken, insbesondere von Luther und Sachs, genannt. Kunigunde Wachter wohnte in der Oberen Wörthstraße 8 und war in erster Ehe mit dem Drucker Hans Hergot verheiratet, der für seine Luther'schen Raubdrucke berüchtigt war und 1527 wegen der von ihm vertriebenen

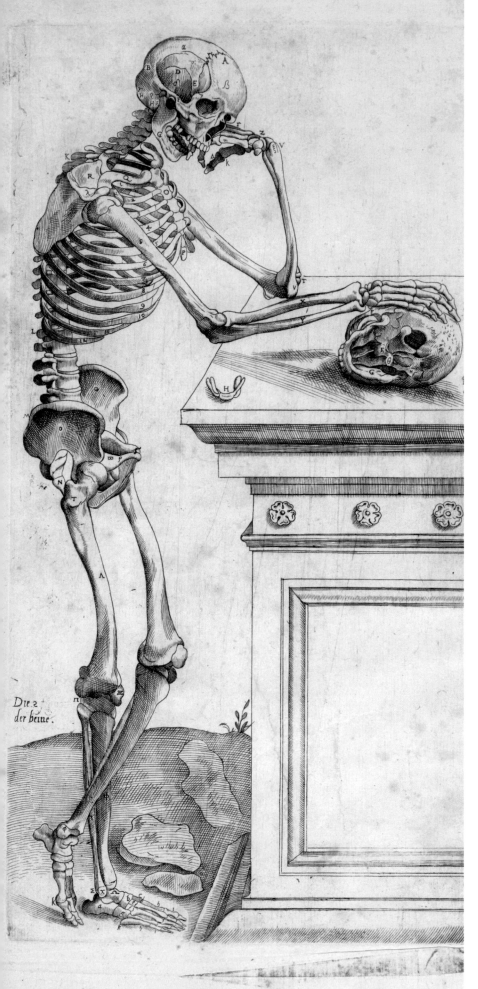

sozialrevolutionären Schrift »Von der newen wandlung eynes christlichen Lebens« in Leipzig hingerichtet wurde.

Eigentlich herrschte zwischen der Reichsstadt Nürnberg und dem Markgraf von Brandenburg-Ansbach-Kulmbach tiefe Rivalität. Insofern war es ein seltenes Zeugnis von kirchlicher Einigkeit, als 1533 der Nürnberger Drucker und Buchhändler Johann Petreius (1496/1497–1550, Anwesen Am Ölberg 9) die Brandenburg-Nürnbergische Kirchenordnung produzierte. Das Werk, dessen vollständiger Titel »Kirchen Ordnung In meiner gnedigen herrn der Marggraven zu Brandenburg und eins Erbern Rats der Stat Nürmberg Oberkeyt und gebieten Wie man sich bayde mit der Leer und Ceremonien halten solle« lautet, sollte den örtlichen Pfarrern einen verbindlichen Leitfaden für Predigt und Liturgie sowie weitere kirchliche Zeremonien geben.

Petreius' Schwerpunkt als Drucker lag auf Flugblättern zu aktuellen Ereignissen, theologischer Massenliteratur, naturwissenschaftlichen Abhandlungen und humanistischen Schriften, insbesondere von Philipp Melanchthon. Seine Offizin mauserte sich innerhalb von zehn Jahren zur bedeutendsten Druckerei Nürnbergs mit über 800 veröffentlichten Titeln.

Kein merkantiler Erfolg, doch eine anhaltende Wertschöpfung für die Naturwissenschaften gelang Johann Petreius vor allem mit dem Druck des astronomischen Traktats »De revolutionibus orbium coelestium libri VI« (Sechs Bücher über den Umschwung der himmlischen Kugelschalen) des Mikołaj Kopernik aus Thorn, latinisiert Nikolaus Kopernikus, im Jahr 1543. Fünf Jahre später konnte er ein ähnlich einflussreiches Werk, die Schrift des römischen Architekten Marcus Pollio Vitruvius »De architectura« (Über die Baukunst), erstmalig in deutscher Übersetzung vorlegen (Abb. 5). Bekannte Künstler wie Peter Flötner, Georg Pencz oder Erhard Schön lieferten die Illustrationen für diesen typographischen Meilenstein, Walter Hermann Ryff nahm die Übertragung ins Deutsche vor.

Eine kleine Offizin betrieb Julius Paulus Fabricius (um 1519–1589) in der Bindergasse zwischen 1549 und 1553. Unter den 16 Titeln aus der Presse

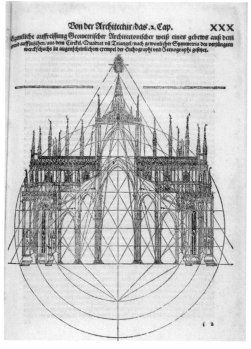

5

6

7

des Fabricius (deutscher Name: Julius Paul Schmidt) ragt die 1551 vollendete, inhaltlich gekürzte deutsche Ausgabe des Anatomie-Lehrbuches des Andreas Vesalius heraus. Der Übersetzer Jacob Bauman, ein Nürnberger Wundarzt, betitelte das Werk mit »Anatomia Deudsch«. Der flämische Arzt Andreas Vesal gilt als Vater der modernen Anatomie, dessen Werke insbesondere wegen der exakten Abbildungen des menschlichen Körpers, die manchmal wie ein Memento mori gestaltet sind, europaweite Berühmtheit erlangte (Abb. 4). Aufgrund der Illustrationen hat Vesals Werk, das erstmals 1543 unter dem Titel »De humani corporis fabrica, libri septem« (Sieben Bücher über den Bau des menschlichen Körpers) in Basel erschienen war, bis in die Gegenwart zahlreiche Nachdrucke erlebt.

Barocke Blütezeit

Nach Jahrhunderten der wirtschaftlichen, kulturellen und politischen Prosperität begann in der 2. Hälfte des 17. Jahrhunderts der Stern der Reichsstadt allmählich zu sinken. Auf dem Gebiet des Buchdrucks zeichnete sich jedoch eine entgegengesetzte Entwicklung ab, die vor allem auf den Geschäftssinn der Familie Endter zurückzufüh-

ren ist. Georg Endter d. J. (1585–1629, Druckerei in der Wunderburggasse 10) produzierte hauptsächlich katholisches Schrifttum für den österreichischen Markt.

Dessen Bruder Wolfgang Endter d. Ä. (1593–1659), zugleich Papierproduzent, Buchhändler, Buchdrucker sowie ungewöhnlicherweise Lebensmittelhändler, baute ab 1620 das väterliche Geschäft zu einem Buchimperium aus, das ihm Wohlstand und Nürnberg einige Stiftungen einbrachte. So stiftete Endter gemeinsam mit seiner Ehefrau 1651 den »Nürnbergischen Buchdruckerey Verwandten« ein Grab auf dem Johannisfriedhof (Abb. 6), von dem das heute noch vorhandene Bronzeepitaph beredtes Zeugnis ablegt: Es zeigt Setzer sowie Drucker und Schriftgießer bei der Arbeit. In seinem wirtschaftlichen Erfolg wird man wohl den Grund für die Erhebung in den erblichen Adelsstand nebst Wappenverleihung 1651 durch Kaiser Ferdinand III. sehen dürfen. Als heraldische Figur wählte man hintersinnig eine schwimmende Ente. Bekanntheit erlangte die äußerst produktive Endter'sche Druckerei, die Niederlassungen in Leipzig und Frankfurt besaß, durch die Qualität ihrer evangelischen Bibeleditionen, unter denen die sog. Kurfürstenbibel herausragt. Diese »Biblia. Das ist die gantze Heilige

4
Aus »Anatomia Deudsch« des Andreas Vesal, 1551. Drucker Julius Paul Fabricius

5
Aus »Vitruvius Teutsch«, deutsche Ausgabe von »Über die Baukunst« des römischen Architekten Marcus Pollio Vitruvius, 1548. Drucker: Johann Petreius

6
Bronzeepitaph des Endter'schen Buchdruckergrabes, St. Johannisfriedhof (Grab E 24)

7
Titelkupfer der Kurfürstenbibel, Entwurf des Nürnberger Kupferstechers Johann Jacob von Sandrart (1655–1698) für die Ausgabe von 1692, erneut verwendet 1720 durch die Offizin »Johann Andreas Endters seel. Sohn und Erben«

Diß ist der Wachsam Mann, der keine müh gesparet:
Auf daß, dem Musen-Volck würd immerdar willfahret.
Nun feiret Er in Gott: doch Seine arbeit bleibt;
So lang man drucken wird mis man druckwürdigs schreibt.
Zu stets wehrendem Ehrengedächtnüs fügte es bey.   J. M. Dilherr.

Papierherstellung in Nürnberg

Die erste deutsche Papiermühle gründete am 24. Juni 1390 der Patrizier und Großkaufmann Ulman Stromer (1329–1407) in Nürnberg. Östlich der Stadtmauer, am Ufer der Pegnitz, lag die Gleißmühle, die von Stromer zwischen 1390 und 1392 für die Papierherstellung umgebaut wurde. Im Jahr 1463 kaufte der Rat der Stadt Nürnberg den inzwischen als Hadermühle bezeichneten Mühlenkomplex und stellte die Papiermacherei ein. Die Ausbildung einer modernen Verwaltung wie die Erfolgsgeschichte von Gutenbergs Erfindung wäre ohne den in großen Mengen produzierbaren Beschreibstoff Papier nicht denkbar. An der Wöhrder Wiese erinnert ein Denkmal an den Fabrikanten Ulman Stromer und dessen Papiermühle, deren Gebäude erst während des Zweiten Weltkrieges zerstört wurden.

Schrifft verdeutscht durch D. Martin Luther«, auch als Weimarer Bibel bezeichnet, besticht durch ihre Größe und Ausstattung, ihren Umfang – in der Ausgabe von 1720 waren dies immerhin 904 Seiten – und ihre materielle Schwere (Abb. 7, ► S. 37). Für den Auftrag- und Geldgeber Ernst I. Herzog von Sachsen-Gotha-Altenburg, von dem sich die Bezeichnung für diese erstmals 1641 erschienene Bibel ableitet, bot die Offizin des Wolfgang Endter d. Ä. die besten Rahmenbedingungen für die biblische Edition, die 14 Auflagen zwischen 1641 und 1768 erreichen sollte.

Als Wolfgang Endter d. Ä. (Abb. 8) 1659 starb und auf dem Johannisfriedhof (Grab P 122) bestattet wurde, beschwor der Theologe Johann Michael Dilherr Endters Fortleben in künftigen Druckwerken: »Nun feiret Er in Gott: doch Seine arbeit bleibt; / Solang man drucken wird, was man druckwürdigs schreibt.« Seine Söhne Wolfgang Endter d. J. (1622–1655) und Johann Andreas Endter d. Ä. (1625–1670) gründeten eigene Buchhandlungen in der Tetzelgasse 1 und Winklerstraße 29 und erwarben gemeinsam 1653 die Druckerei Jeremias Dümler, die von der nächsten Generation unter dem Namen »Wolfgang Endter d. J. Erben« bzw. »Johann Andreas Endter sel. Söhne« weitergeführt wurde.

Durch die Übernahme der väterlichen Offizin sowie der Papiermühle setzte der Buchhändler Christoph Endter (1632–1672), ein weiterer Sohn des Wolfgang Endter d. Ä., die erfolgreiche, breit angelegte Geschäftspolitik fort, wobei der Kalenderdruck den Schwerpunkt der Publikationstätigkeit bildete. Allein im 17. Jahrhundert produzierte die verzweigte, durch mehrere Handelskompagnien miteinander verbundene Drucker-Dynastie über 4.200 Titel. Die Devise der Familie »Assuesce et persiste« (Gewöhne dich an Umstände und sei beharrlich) hatte sich bis dahin bewahrheitet.

Das Aussterben der Familie Endter im 18. Jahrhundert hatte weitreichende Folgen für das Nürnberger Buchgewerbe, das ein im deutschsprachigen Raum agierendes Unternehmen verlor und schließlich aufgrund von veränderten Handelsbedingungen auf den Messen nicht mehr an die einstigen erfolgreichen Zeiten anknüpfen konnte. Ein neuer Stern am Himmel der Büchermacher war bereits aufgegangen: Leipzig. ●

► **DR. DOMINIK RADLMAIER**
ist wissenschaftlicher Mitarbeiter beim Stadtarchiv Nürnberg.

....

► **MEHR ZUM THEMA:**

Das Nürnberger Buchgewerbe. Buch- und Zeitungsdrucker, Verleger und Druckhändler, vom 16. bis zum 18. Jahrhundert. Hrsg. v. Michael Diefenbacher u. Wiltrud Fischer-Pache. Bearb. v. Manfred H. Grieb. Mit einem Beitrag v. Peter Fleischmann (Quellen und Forschungen zur Geschichte und Kultur der Stadt Nürnberg 31). Nürnberg 2003.

Reske, Christoph: Die Buchdrucker des 16. und 17. Jahrhunderts im deutschen Sprachgebiet. Auf der Grundlage des gleichnamigen Werkes von Josef Benzing (Beiträge zum Buch- und Bibliothekswesen 51). Wiesbaden 2007, S. 654–748.

8
Portrait des Verlegers, Papierfabrikanten, Buchhändlers und Druckers Wolfgang Endter d. Ä., dem Johann Michael Dilherr die folgenden Zeilen widmete: »Diß ist der Wachsam Mann, der keine müh gesparet: / Auf daß dem Musen-Volck würd immer dar willfahret. / Nun feiret Er in Gott: doch Seine arbeit bleibt; / Solang man drucken wird, was man druckwürdigs schreibt.«

Freiheit, Keuschheit, Schwesterlichkeit

Wie sich die Äbtissin Caritas Pirckheimer
gegen dominante Männer behauptete.

VON NADJA BENNEWITZ

Sie blieben standhaft keusch und starben lieber, als dass sie zudringlichen Männern nachgaben: die heilige Dorothea mit Blumenkorb und die heilige Margarete mit Kreuz, hier in einer Darstellung aus der Reformationszeit (Flügelaltar in Podelwitz bei Leipzig, 1520)

» Liebes Kind, was redest du, (...) die ganze Stadt spricht schon davon, bis in die Ratskanzlei sind die Nachrichten über dich vorgedrungen«, klagte eine besorgte Mutter. Ihre Tochter lebte seit zwölf Jahren als Nonne im ehrwürdigen Nürnberger Klarissenkloster. Die geistlichen Frauen des Konventes hatten berichtet, besagte Mitschwester Anna Schwarz spreche vom Abendmahl in beiderlei Gestalt, sie nehme sich »lutherische Freiheiten« heraus und führe einen Gegenorden: Wenn der Konvent zu Tisch ginge, schlafe sie, seien die Nonnen im Chor, so gehe sie zum Essen, ganz abgesehen davon, dass sie ständig über diese »luterey« disputieren wolle.

Anna Schwarz hatte da bereits entschieden, im Kloster könne und wolle sie nicht bleiben, da hier das Evangelium nicht eingehalten werde. Mit Einführung der Reformation in Nürnberg wurde ihr Klosteraustritt möglich. Die Mutter allerdings hätte ihre Tochter lieber weiterhin dort gelassen, schließlich war eine zusätzliche Mitesserin im Haus schlichtweg eine finanzielle Belastung.

Anna Schwarz war die einzige Nonne des Klarissenklosters, die in Folge der Reformation freiwillig das Kloster verließ. Die einzige – dabei hatte der Nürnberger Rat ausdrücklich das Klosterwesen zum Aussterben verurteilt und den Klöstern Neuaufnahmen verboten. Die anderen rund

50 Nonnen des Klarissenkonventes hielten an ihrer klösterlichen Lebensform fest, sicherlich nicht zuletzt Dank der Persönlichkeit der bedeutenden Äbtissin Caritas Pirckheimer.

Ein Vorfall, bei dem Mütter ihre Töchter aus dem Kloster herausholen wollten, versetzte die Nürnberger Stadtgesellschaft in Aufruhr und rief Philipp Melanchthon auf den Plan. Der Wittenberger Reformator disputierte unter vier Augen mit Caritas Pirckheimer und führte dann ein ernstes Gespräch mit dem Nürnberger Rat. Immerhin: »Er schied in guter Freundschaft von uns«, urteilte die humanistisch gebildete Äbtissin.

Wenn die Weiber schreien »Schrift! Schrift!«

Frauen waren maßgeblich in die reformatorischen Ereignisse involviert, obwohl selbst gebildete Frauen von Stand von der ratsherrlichen wie kirchenpolitischen Mitsprache ausgeschlossen waren und blieben.

Die verwitwete Patrizierin Ursula Tetzel hatte noch vor Einführung der Reformation in einer Bittschrift an den Rat ihre neuen religiösen Erkenntnisse dargelegt. Durch Hören und Lesen sei sie zu der Einsicht gelangt, der Klosterstand sei Gott gänzlich unbekannt. Das Leben in den Klöstern sei eine heuchlerische Absonderung und es bedränge ihr Gewissen, ihre Tochter dort zu sehen. Ein solches Gefängnis wie ein Kloster würde Christus am Tag des Jüngsten Gerichts nicht gutheißen.

Ursula Tetzel hatte den Predigten der reformatorischen Theologen offenbar genau zugehört. In der Forschung wird die breite Akzeptanz reformatorischer Predigten in der Bevölkerung als Basis für die einschneidenden Veränderungen angesehen. Ausdrücklich hieß es in einem Schreiben des Nürnberger Rates, die Theologen sollten predigen, »damit nicht allein die Hausväter, sondern auch ihre Weiber, Kinder, Mägde und Knechte das Wort Gottes hören mögen«.

An dem Nürnberger Religionsgespräch 1525, in dessen Anschluss die Reformation offiziell eingeführt wurde, beteiligten sich dann aber lediglich die männlichen Vertreter der »altgläubigen« und der »neuen«, reformatorischen Lehre. Zwar wurde in der Einleitungsrede zu diesem Gespräch ausdrücklich auf die Nürnbergerinnen Bezug genommen, deren Engagement für die reformatorische Seite ein schlichtendes Gespräch notwendig gemacht hätte: »Nachdem aber der Bock so tief im Garten gegraben hat, dass die Kinder auf den Gassen, ganz zu schweigen von den Weibern, schreien: Schrift, Schrift! wird es für notwendig, nützlich und gut gehalten, dass ihr in diesem eurem Kolloquium (...) allein führt und braucht (...) die biblische Schrift (...).« Trotzdem wurden Frauen an dem Religionsgespräch nicht beteiligt. Äbtissin Caritas Pirckheimer beschwerte sich denn auch, dass man von den Nonnen zahlreiche Neuerungen, wie reformatorische Gottesdienste in ihrer Kirche oder das Ablegen der Klostertracht, verlange, ohne sie zu fragen, ob sie sich dazu in der Lage fühlten.

Charitas Pirck=heimerin Äbtissin in St. Claren Closter, in Nürnberg, Obiit 1532.

Die berühmte Äbtissin Caritas Pirckheimer, 1532 gemalt, im Jahr ihres Todes. Das Bild hängt in der St. Klara Kirche.

Frauen wissen Bescheid

Zumindest die Frauen der Oberschicht waren bestens über das ratsherrliche Vorgehen in Sachen Reformation informiert und sie beriefen sich selbstbewusst auf die gemachten Beschlüsse. Einige von ihnen, selbst erfasst von der reformatorischen Lehre, sahen nun die Gelegenheit gekommen, ihre Töchter aus den Klöstern zu nehmen.

So kamen in Folge des Religionsgespräches im Juni 1525 vier Patrizierinnen, namentlich Ursula Tetzel, deren Schwester Helena Ebner und Schwägerin Barbara Fürer sowie Klara Nützel vor das Klarissenkloster gefahren. Mit Gewalt wollten sie in das Kloster eindringen, was Äbtissin Caritas Pirckheimer zu verhindern wusste. Sie hätten jedoch die Erlaubnis des gesamten Rates, ihre

Zu heiraten war für die Nonnen unakzeptabel: »Wenn Christus die Heirat für gut befunden hätte, so hätte er selbst geheiratet.«

Kindersegen statt Keuschheit – so empfahlen sich die Reformer: Epitaph von Andreas Ketzel, evangelischer Prediger an St. Klara, seiner Frau Margareta und 19 Kindern (Johannisfriedhof, Grab Nr. 967)

Töchter, Nonnen im Klarakloster, besuchen zu dürfen. Wenn ihnen die Äbtissin ihre Kinder gegen ratsherrlichen Beschluss vorenthalten wolle, würden sie die Ratsherren einschalten. Sowieso würden demnächst Vertreter der Stadtregierung kommen und den Nonnen neue Regeln vorgeben, die sie einhalten müssten.

Wenige Tage später kamen drei Ratsherren ins Klarakloster und teilten den Nonnen ihre Beschlüsse bezüglich der Klöster mit. Es ist anzunehmen, dass die Patrizierinnen über jeden ratspolitischen Schritt bestens informiert waren und auch über den Ablauf des Religionsgespräches Bescheid wussten, an dem ihre Männer und Verwandten teilgenommen hatten.

»Grimmige Wölfinnen«

Die Auseinandersetzungen zwischen den patrizischen Müttern und Caritas Pirckheimer zogen sich über viele Tage hin, es folgte Beschwerdebrief auf Beschwerdebrief an den Rat mit gegenseitigen Anschuldigungen. Für den Rat lag die Sache klar auf der Hand: Das Verhalten der Äbtissin sei störrisch. Nach göttlichem Gebot seien die Kinder den Eltern Gehorsam schuldig und deshalb müssten die Töchter aus dem Kloster hinaus. Was nun deutlich zutage trat: Letztere wollten ihr Kloster gar nicht verlassen. Die Ansicht ihrer

Mütter, hier »säßen sie dem Teufel im Rachen«, teilten sie keineswegs.

Die drei jungen Nonnen, die 23-jährige Margarete Tetzel sowie Katharina Ebner, 20, und Clara Nützel, 19 Jahre alt, hatten keine Möglichkeit, sich gegen den Willen ihrer Mütter zur Wehr zu setzen. Als diese schließlich kamen, um ihre Töchter abzuholen, hatten sich schon viele Menschen vor dem Kloster versammelt, um diesem »Schauspiel« beizuwohnen. Die Mütter, von Caritas Pirckheimer in ihren Aufzeichnungen als »grimmige Wölfinnen« bezeichnet, forderten ihre Töchter anfänglich noch in ruhigem Ton auf, das Kloster zu verlassen. Sollten sie sich allerdings weigern, so würden sie Gewalt anwenden.

Die Nonnen wehrten sich zwar vehement, so Caritas, doch war »weniger Barmherzigkeit da als in der Hölle«. »Da stehe ich und will nicht weichen, kein Mensch soll mich vermögen hinauszugehen. Zieht man mich aber mit Gewalt hinaus, soll es doch mein Wille nimmer ewiglich sein, ich will es Gott im Himmel und aller Welt auf Erden klagen«, so rief die Nonne Katharina Ebner aus, deren Standpunkt wir dank der klösterlichen Aufzeichnungen noch heute vernehmen können. Dennoch wurden alle drei Nonnen mit Gewalt aus dem Kloster gezerrt. Ihr weiteres Schicksal? Zum Glück waren sie jung genug und alle drei bekamen noch einen Mann ab – so zumindest beurteilten Historiker des 19. Jahrhunderts den weiteren Verlauf der Geschichte.

Gefängnis oder freie Wahl?

Caritas Pirckheimer wunderte sich unterdessen sehr über das Ansinnen des Klosterverwalters Kaspar Nützel: Er sorge sich nun um das Seelenheil der Klosterfrauen, dabei sei ihm nicht die Seelsorge, sondern die Betreuung ihrer zeitlichen Güter anvertraut, andernfalls »nehmt ihr euch an Gewalt, die ihr nicht habt«. Auf Nützels Ankündigung, dass nun der Rat das Amt der Äbtissin und weitere Ämter im Kloster besetzen werde, reagierte Caritas mit Unverständnis: »Nein, (...) wo denkt ihr hin, dass wir die Freiheit der Wahl der Abtei aus den Händen wollen geben; wir haben

unakzeptabel. Zur Frage nach einer Eheschlie-ßung äußerte sich Caritas Pirckheimer gegen-über den Ratsherren: »Wir verachten auch den ehelichen Stand nicht«, doch wenn Christus die Heirat für gut befunden hätte, hätte er selbst ge-heiratet. Caritas Pirckheimers Empörung über verheiratete Mönche, die sie nun als Seelsorger akzeptieren sollte, muss vor diesem Hintergrund verstanden werden: »Sollten wir erst Abtrünnige zu Seelsorgern nehmen, die Gott meineidig sind, (...) sie würden uns nichts lehren, als was sie sel-ber tun, nämlich Weiber nehmen; meinten sie vielleicht, wir sollten auch einen Mann nehmen, da uns Gott vor behüt (...).« Für die überzeugte geistliche Klosterfrau hätte eine Heirat einen ge-sellschaftlichen Abstieg bedeutet.

Zum Gedenken an die mutige Katholikin Äbtissin Caritas Pirckheimer. Neo-gotisches Steinrelief in der Luitpoldstraße von Emil Hecht (1900)

Die Hirtin, nicht das Schaf

Die ehemalige Nonne Anna Schwarz entschied sich für eine Eheschließung. Sie heiratete den ehemaligen Abt des Egidienklosters und manifes-tierte dadurch deutlich ihr neu gewonnenes Glau-bensverständnis. Sie hatte der Äbtissin Pirckhei-mer gegenüber vertreten, sie wolle nicht mehr »ein Schaf, sondern eine Hirtin« sein. Inwieweit sie dieses Vorhaben in ihrer Ehe umsetzen konnte, entzieht sich der historischen Kenntnis.   ●

nach unserer Regel die Freiheit, dass wir mögen erwählen zu einer Äbtissin, wen wir wollen. (...) So wenig wir wissen, wer für euch gut in eurem Rat ist, so wenig könnt ihr wissen, wer uns taug-lich in unserem Kloster ist.« Nonnen wählten ihre Äbtissin zur Autoritätsperson mit weitge-henden Befugnissen selbst, die Ratsschwestern des Klosters hatten ebenfalls verantwortliche Posten inne. Dass die Ratsherren die Äbtissin nun selbst einsetzen wollten, kam einer Degra-dierung und Entmachtung gleich.

»Meinten Sie etwa, wir sollten einen Mann nehmen?«

Die Äbtissin wollte das gemeinschaftliche Leben im Kloster nicht aufgeben. Auch der Ehestand, wie ihn der Rat allemal den Nonnen vorschlug, war für sie und die anderen geistlichen Frauen

▶ **NADJA BENNEWITZ**
ist selbstständige Historikerin (Schwerpunkt Frauenforschung in der Region Nürnberg) und wissenschaftliche Angestellte am Lehrstuhl Didaktik an der Uni Erlangen-Nürnberg.

▶ **WEITERFÜHRENDE LITERATUR**

Nadja Bennewitz: »Meinten sie vielleicht, wir sollten einen Mann nehmen? Davor behüt uns Gott!« Frauen in der Nürnberger Reformationszeit, hrsg. v. d. Evang. Stadtakademie Nürnberg, Nürnberg 1999

Nadja Bennewitz: Handlungsmöglichkeiten und begrenzte Mitwirkung: Die Beteiligung von Frauen an der reformatorischen Bewegung Nürnbergs, in: Zeitschrift f. bayerische Kirchengeschichte, Jg. 68, 1999, S. 21-46

Barbara Steinke: Paradiesgarten oder Gefängnis? Das Nürnberger Katharinenkloster zwischen Klosterreform und Reformation, Tübingen, 2006

Schönes und Gelehrtes

Krimis aus Nürnberg

Auch so kann man sich in diese Stadt einlesen. Besonders die Verlage ars vivendi und emons tun sich mit lokaler Literatur hervor.

Fast wäre der Vergiftungstod zu den Akten gelegt worden. Hauptkommissarin Paula Steiner ist es wichtiger, den Mord an ihrer besten Freundin im Stadtpark aufklären. Aber dann verhält sich eine Oberarzt-Gattin seltsam. Dieser und andere Zufälle helfen, den Fall doch noch zu lösen.

Petra Kirsch: **Mord an der Kaiserburg**, Emons Verlag, 2010, 223 Seiten, 9,90 €

Melli, amtierendes Christkind, wird aus der Lorenzkirche entführt. Jacqueline, 17 und schwer pubertierend, nimmt die Ermittlungen auf. Die Polizei wundert sich über einen neu entdeckten Geheimgang, und die Entführer versuchen, Jacqueline an der Suche zu hindern.

Heidi Rex, **Lebkuchenschmerz**. Ein Nürnberger Christkind-Krimi, Verlag Schardt, 2010, 240 Seiten, 12,80 €

Fundgrube für Nürnbergfreunde

Erstmals wurde Nürnberg 1050 urkundlich erwähnt. Im Jahr 2000 feierte die Stadt ihr 950. Jubiläum. Aus diesem Anlass erschien im Vorjahr das »Nürnberger Stadtlexikon«. Es ist mit seinen mehr als 5610 Artikeln zu Geschichte und Gegenwart der Stadt, mit seinen 1400 teils farbigen Abbildungen, seinen 192 ganzseitigen Bildtafeln und seinen 33 Essays eine Fundgrube für alle, die es genauer und umfassender wissen wollen.

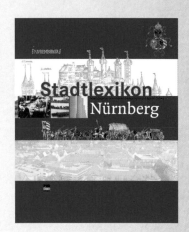

Michael Diefenbacher und Rudolf Endres (Herausgeber): **Nürnberger Stadtlexikon**, W. Tümmels Verlag Nürnberg, 2. verbesserte Auflage, 1248 Seiten gebunden, 65,00 €

Stadtbibliothek Nürnberg

Die Stadtbibliothek Nürnberg ist die älteste städtische Bibliothek im deutschen Sprachraum. Der älteste erhaltene Leihschein datiert vom 30. Dezember 1370! Damals war die Sammlung noch eine Ratsbibliothek mit vorwiegend juristischer Fachliteratur. 1525 fand sie im Zuge der Reformation, vereinigt mit den Bibliotheken der aufgehobenen Klöster, als Stadtbibliothek im ehemaligen Dominikanerkloster ihr Zuhause. Vor dem verheerenden Bombenangriff vom 2. Januar 1945, durch den die Stadt in Schutt und Asche sank, waren die wertvollen Altbestände ausgelagert worden. Plünderungen nach dem Krieg sorgten allerdings für einen Verlust in fünfstelliger Höhe. Heute ist sie im Pellerhof am Egidienplatz untergebracht und präsentiert sich oft mit interessanten Buchausstellungen.

Alle laufenden **Ausstellungen** finden sich
auf der Website der Stadtbibliothek:
www.stadtbibliothek.nuernberg.de/
veranstaltungen/veranstaltungen.html

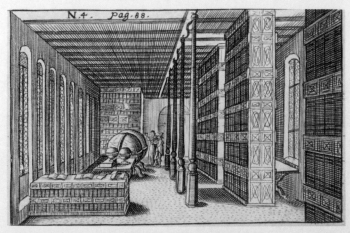

Wissenschaft, Geometrie, Ordnung: die Nürnberger
Stadtbibliothek im Zeitalter der Aufklärung

Neues vom Geschichtsverein

Die Nürnberger Stadtgeschichte wird umfassend betreut vom »Verein für Geschichte der Stadt Nürnberg«. Er ist beim Stadtarchiv angesiedelt und macht mit Vorträgen und Publikationen, mit dem Jahrbuch »Mitteilungen des Vereins für Geschichte der Stadt Nürnberg« (MVGN) und den »Nürnberger Forschungen« von sich reden.

Band 62/1975 Studien zum Nürnberger Reichstag von 1524;
Band 64/1977 Klosterhumanismus in Nbg. um 1500;
Band 69/1982 Dürers Bild des Kaspar Nützel / Handwerkerstühle
in Nürnberger Kirchen / Reichsherold Caspar Stum;
Band 71/1984 Das Nürnberger Religionsgespräch von 1525 /
Das Nürnberger Bildungswesen zur Zeit der Reformation

KIRCHEN DER STADT

Ein Überblick über alle evangelischen und katholischen Gotteshäuser im Zentrum, über ihre Geschichte und Gegenwart. Und ein Einblick in das evangelische Nürnberg heute. Dazu: Tipps und Hintergründe

Reichtum aus dem Mittelalter

*Ein ökumenischer Rundgang durch
die Gotteshäuser der Innenstadt*
—
VON JÜRGEN KÖRNLEIN

Zwei der meistbesuchten Kirchen Deutschlands stehen in Nürnberg: 700 000 Menschen strömen jährlich in die Lorenzkirche, 400 000 in die Sebalduskirche. Gleich zwei evangelische Kirchen, die in der Besuchergunst sehr hoch stehen, hat neben Nürnberg nur Berlin mit dem Dom und der Kaiser-Wilhelm-Gedächtniskirche.

In diesen Kirchen stellte das mittelalterliche Nürnberg seinen Reichtum zur Schau. Und es wählte sich Heilige als Kirchenpatrone und Namensgeber, die dazu verpflichten, sozial Schwächeren zu helfen. Laurentius hatte den Satz geprägt: »Die Armen sind der Schatz der Kirche«. Elisabeth hatte sich als Landgräfin für die Armen engagiert. Klara, der Schwester des heiligen Franziskus, gab ihren Besitz auf und lebte selbst in Armut. Maria, die Mutter Jesu, hatte gebetet: »Gott, stürzt die Gewaltigen vom Thron und erhebt die Niedrigen«. Von Sebaldus wird überliefert, er habe kranke Arme geheilt.

17. Oktober 2010, fünf vor zwölf: Die Hauptportale der Lorenzkirche öffnen sich. Katholiken und Protestanten tragen Abbildungen der Kirchenpatrone auf den frequentiertesten Platz der Stadt hinaus. Sie protestieren dagegen, dass die Bundesregierung den Haushalt sanieren und dabei an den Armen sparen will. Ein Anzeichen dafür, dass sich die Kirchen der Tradition ihrer Kirchenpatrone bis heute verpflichtet fühlen.

»Stadt der Ökumene«

Auch nach einem Rundgang durch die evangelische Lorenzkirche sind sich manche Touristen nicht sicher: »Ist diese Kirche evangelisch oder katholisch?« Ein Marienbild steht an zentraler Position. Ähnlich unsicher sind manche Besucher in der Sebalduskirche.

Fronleichnamstag 2010. Es regnet in Strömen. Eigentlich war der katholische Festtagsgottesdienst im Freien geplant. Gerhard Schorr, evangelischer Pfarrer von St. Sebald, greift zum Telefonhörer und lädt seinen katholischen Kollegen mitsamt römisch-katholischer Gemeinde spontan in die evangelische Sebalduskirche ein.

◄
Luftige Höhen:
Gottesdienst in
der Lorenzkirche

◄ S. 75
Auferstehung zum
Jüngsten Gericht
beim Schall der
Posaune, Südportal
St. Sebald

»Armut ist der beste Konservator«, sagen Denkmalpfleger. Nach Nürnbergs Blütezeit war für große Umbauten kein Geld mehr da.

Nürnberg nennt sich nicht nur »Stadt der Ökumene«, Nürnberg lebt es auch.

Wenig später, am 11. Juli 2010. Die Gemeinden der evangelischen St. Jakobskirche und der katholischen St. Elisabethkirche feiern erstmals ein Ökumenisches Gemeindefest auf dem Jakobsplatz zwischen beiden Kirchen. Alle katholischen und evangelischen Innenstadtgemeinden sind eingeladen. Trotz brütender Hitze ist der Platz zu Gottesdienst und anschließendem Programm gut gefüllt.

Reformatoren und lehrreiche Kunst

Alle Nürnberger Altstadtkirchen stammen aus der Zeit vor der Reformation. Im Gegensatz zu anderen Städten hat Nürnberg im 16. Jahrhundert die Kirche sehr besonnen reformiert.

Zunächst schien auch hier ein Bildersturm bevorzustehen. Andreas Osiander, der Sprecher der örtlichen Reformation und Prediger an St. Lorenz, sprach anfangs mehr über die Freiheit von bestimmten Kunstwerken als über die Freiheit für die Kunst.

Die reichen Nürnberger Patrizier hatten etliche dieser Kunstwerke gestiftet. Stiftungen dieser Art galten als gutes Werk, durch das man sich erhoffte, Höllenstrafen erlassen zu bekommen. An den Seitenaltären lasen Priester Messen gegen Geld, um Verstorbene vom Höllenfeuer zu erlösen. Solche Vorstellungen und Praktiken lehnten die Reformatoren zutiefst ab. Außerdem sahen einige das Stiftungsgeld lieber in der Armenfürsorge investiert als in kostbaren Kirchenausstattungen.

Dass es nicht zum Bildersturm kam, lag wohl daran, dass Osiander den pädagogischen Wert der Bilder und Darstellungen erkannte. In einer Zeit, in der viele Menschen weder lesen noch schreiben konnten, veranschaulichten Bilder das Evangelium. Maria, die Mutter Jesu, ist eine biblische Gestalt, daher sah man keine Notwendigkeit, die kunstvollen Madonnen aus der St. Sebald zu entfernen. Auch der Engelsgruß in der Lorenzkirche stellt eine biblische Szene dar (aus Lukas 1). Hier sind Maria und der grüßende Engel Gabriel von einem Rosenkranz umgeben. Zwar lehnt die evangelische Kirche das Rosenkranzgebet ab, dennoch blieben die Figuren unversehrt an Ort und Stelle. Allerdings trug die geringere Wertschätzung dazu bei, dass sie bald an Bedeutung verloren und ihr künstlerischer Wert jahrhundertlang in Vergessenheit geriet.

Viele Darstellungen zeigten aber auch nichtbiblische Heiligenlegenden. Hier einigte man sich darauf: Nur wahre Begebenheiten aus dem Leben vorbildlicher Christen sollten zu sehen sein. Damals gab es keine historisch kritische Forschung wie heute. Und so blieben Kostbarkeiten wie der Marthaaltar erhalten. Sein Tafelbild zeigt, wie Martha den Drachen zähmt und an einer Hundeleine spazieren führt – eine biblische Figur, aber keine biblische Begebenheit.

Bewahrend wirkte auch Osianders Auffassung, dass Bilder nur auf Beschluss der Obrigkeit entfernt werden dürften. Den Stadtrat bildeten aber Stifter und deren direkte Nachkommen, und diese pflegten die Kunstgüter ihrer Familie mäzenatisch. Osianders Anträgen auf Beseitigung wurde nur teilweise entsprochen. Man entfernte eine Marienstatue, weil sie nach wie vor angebetet wurde. Aus St. Egidien, St. Lorenz und

St. Sebald wurden insgesamt sieben Altäre herausgeschafft, weil sie den Blick auf die Kanzel verstellten und damit dem Zuhören der Predigt im Wege standen. Die beiden Altäre aus St. Lorenz wurden nicht mehr von leiblichen Nachkommen des Stifters betreut – und genossen dadurch weniger Schutz.

Entfernt und verwahrt, aber nicht zerstört, wurden zum Beispiel der silberne Sarg des Deocarus in St. Lorenz: Monstranzen, Heiligenstatuetten und ein Palmesel, der seit der ersten gottesdienstlichen Reform im Jahr 1524 nicht mehr verwendet wurde.

Ausverkauf, Säkularisierung, Krieg

»Armut ist der beste Konservator«, sagen Denkmalpfleger. Nürnbergs Blütezeit ging nach der Reformation allmählich dem Ende entgegen. In der folgenden Zeit war kein Geld für große Umbauten oder gar barocke Veränderungen da.

Trotzdem kam auch in den Jahrzehnten und Jahrhunderten nach der Reformation Kirchenkunst abhanden. Schätze wurden verkauft, oft heimlich und aus Geldmangel. Die Säkularisation mit dem Reichsdeputationshauptschluss von 1803 führt zu erheblichen Verlusten. Und als das insolvente Nürnberg bayerisch wurde, musste es zur Tilgung seiner Schulden verkaufen, was nicht niet- und nagelfest war. So kam wenigstens etwas Geld in die bayerische Staatskasse. Dabei wurde die Monstranz der Lorenzkirche, deren Wert dem eines Patrizierhauses entsprach, eingeschmolzen und zum Materialwert verkauft. Das gleiche Schicksal ereilte den silbernen Sarg des Deocarus und ein Bronzetaufbecken.

Im II. Weltkrieg ist es mutigen Kunstliebhabern zu verdanken, dass – gegen den Befehl Hitlers – die verbliebenen Schätze rechtzeitig in den Kunstbunkern, in Kellern unterhalb der Kaiserburg, eingelagert und gerettet wurden. Die Kirchen selbst wurden in mehreren Luftangriffen zerstört oder erheblich beschädigt.

Die Lorenzkirche wurde gleich nach dem Krieg fast originalgetreu rekonstruiert und schon 1952 wiedereingeweiht. Auch die Frauen- und die

Sebalduskirche baute man ziemlich originalgetreu nach. Bei der Jakobskirche diskutierte man lange, ob sie überhaupt wieder erstehen sollte. Sie wurde dann als letzte der Innenstadtkirchen 1967 ihrem gottesdienstlichen Zweck wieder übergeben. Die Fassaden bildete man beim Wiederaufbau durchweg originalgetreu nach, das Innere unterscheidet sich dagegen sehr vom Erscheinungsbild vor dem Krieg. Die Egidienkirche erhielt nur wenig von ihrer einstigen barocken Schönheit zurück. Die Heilig-Geist-Kirche ist heute nur noch ein kommunaler Saal mit wenigen Fassadenresten.

So kommt es, dass sechs der Nürnberger Innenstadtkirchen spätgotische Kirchen mit mittelalterlichem Interieur geblieben sind. Zusammen mit der kleinen Landauerkapelle, die seit einigen Jahren von den Altkatholiken genutzt wird, verbinden sie in ihrem Erscheinungsbild vier Konfessionen: die römisch-katholische, die evangelisch-reformierte, die evangelisch-lutherische und die altkatholische. Die bauliche Ähnlichkeit ist kein zu unterschätzender Grund für die gute Ökumene in Nürnberg. So stehen auch Figuren des Sebaldus an der katholischen Frauenkirche und an der evangelischen Lorenzkirche.

Bildersturm blieb aus, Engelsgruß im Rosenkranz blieb erhalten. Die Stiftung des Patriziers Anton Tucher von 1517–18, hängt bis heute in der Lorenzkirche: Erzengel Gabriel kündigt Maria die Geburt Jesu an, Bildschnitzerei von Anton Tucher.

Geschichte der Kirchen im Einzelnen

St. Egidien

Um die weit verstreuten Besitzungen des Königs sowie seine Forst- und Landwirtschaft zu verwalten, wurden im Mittelalter Königshöfe eingerichtet. Auf dem Gelände eines solchen Königshofes wurde um 1120 eine erste Kirche im romanischen Stil errichtet und dem Nothelfer Egidius geweiht. Nur 20 Jahre später wurde sie zur Abtei erhoben. Als reichsunmittelbares Kloster unterstand sie nur dem Kaiser. Sich dieses Privilegs bewusst, wurde um 1150 eine große romanische Egidienkirche erbaut; die bisherige Kirche wurde zur Euchariuskapelle umgewidmet. Letztere blieb bis zum heutigen Tag erhalten und ist damit das älteste erhaltene Gotteshaus in Nürnberg.

Ein Raum, ans Querschiff der großen Kirche wohl als Wohnraum der Mönche angebaut, wurde bald darauf zur Wolfgangskapelle umgewandelt. Zusätzlich wurde die Tetzelkapelle an die Euchariuskapelle angebaut. Diese Vierzahl sakraler Räume ist bis heute erhalten. Hier finden Gottesdienste und meditative Feiern, Konzerte und Ausstellungen statt.

1526 zog hier das erste humanistische Gymnasium Deutschlands ein. Obwohl diese Schule inzwischen umgezogen ist, gilt das Gebiet um die Egidienkirche mit sieben schulischen und universitären Einrichtungen noch heute als der Bildungsberg Nürnbergs.

Als einzige Innenstadtkirche liegt St. Egidien nicht an den touristischen Hauptachsen und Shopping-Meilen. Auch steht die Kirche längst nicht mehr für spätmittelalterliche Gotik. Der romanische Bau wurde 1696 durch einen verheerenden Brand zerstört. Beim Wiederaufbau (1710–18) schuf man die einzige Barockkirche Nürnbergs. Ihr Prunk ist nach der schweren Zerstörung im Bombenhagel vom 2. Januar 1945 nur noch zu erahnen. Eine »interpretierende, sparsame Wiederherstellung« ließ 1963 einen lichten Kirchenraum erstehen. In den alten erhaltenen

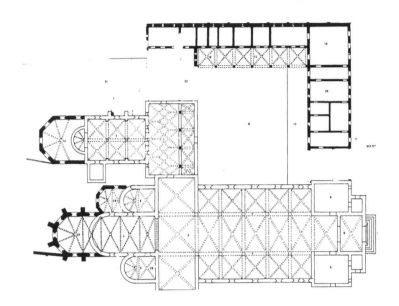

Grundriss der Egidienkirche: die Verlängerung des Querschiffes nach Süden diente vermutlich ursprünglich als Wohnraum für die Mönche des Egidienklosters und wurde dann zur Kapelle erweitert. Im Zweiten Weltkrieg wurde die barocke Kirche vollständig zerstört.

Kapellen finden sich mittelalterliche Kunstwerke wie das Landauer Epitaph von Adam Kraft. Der Blickfang des großen Kirchenraumes ist ein modernes Bronzekreuz mit zwölf Weinranken.

▶ Die evangelische St. Egidien ist täglich von 8 bis 18 Uhr für Besichtigungen zugänglich (außer während der Gottesdienste).

St. Jakob und St. Elisabeth

Beide Kirchen prägen miteinander den Jakobsplatz. St. Jakob ist lange vor dem Jahr 1200 als romanische Kapelle an einem Königshof errichtet worden. 1209 schenkte der Kaiser sie dem neu entstandenen Deutschen Ritterorden. Seinetwegen war St. Jakob von Anfang an sozial und seelsorgerlich ausgerichtet. So baute man neben der Kirche das St. Elisabethenspital; dazu 1281 als Spitalkapelle die erste Kirche St. Elisabeth.

◀
Licht von Osten: Altarraum der Egidienkirche

◀ S. 80
Katholische Stadtpfarrkirche St. Elisabeth am Jakobsplatz

◀ S. 81
Taubenschutz für den Namenspatron, Nordportal St. Sebald

Zwölf Apostel blicken aus schwindelerregender Höhe knapp unterhalb der 50 Meter hohen Kuppel herab: St. Elisabeth.

Die Reformation in Nürnberg bezeichnet man auch deshalb gerne als tolerant und sanft, weil die Stadtväter unter anderem den Deutschen Ritterorden in Nürnberg gewähren ließen. Er durfte als eine Art Stadt in der Stadt weiterhin katholische Gottesdienste feiern. Für die Bevölkerung waren sie allerdings nicht zugänglich.

Die heutige Kirche St. Elisabeth fällt baulich aus dem Rahmen des gotischen Altstadtensembles. Nachdem schon 1683 die Baufälligkeit der Kapelle beklagt wurde und der Orden seit 1718 Renovierung und Umbau plante, missfielen dem evangelischen Stadtrat die Erweiterungspläne des Ordens. Erst nach einem 62 Jahre andauernden Rechtsstreit wurde 1785 der Bau genehmigt. Trotz Richtfest im Jahr 1802 kamen die Bauarbeiten immer wieder zum Erliegen. Man erwog eine Umwandlung in ein Museum oder eine Bibliothek. Der Raum wurde jahrelang als Heulager, Baumagazin und Militärdepot genutzt. Erst nach zwei Lotterien zugunsten von St. Elisabeth gelang in den Jahren 1901 bis 1903 der Innenausbau. Die 50 Meter hohe Kuppel krönt wieder eine Kirche.

Obwohl seit der Reformation St. Jakob evangelische und St. Elisabeth katholische Gottesdienste feiert, sind beide Kirchen eng verbunden.

Bei festlichen Anlässen läuten die Glocken von St. Jakob für die Nachbarkirche, da sie bis zum heutigen Tag keine eigenen Glocken hat.

Während St. Elisabeth heute als Citykirche zum Verweilen und gelegentlich zu Ausstellungen einlädt, folgt St. Jakob seinem ursprünglichen sozialen und seelsorgerlichen Auftrag. Täglich stehen Seelsorgerinnen und Seelsorger während der »Offenen Tür« zum Gespräch bereit. Die Gemeindepfarrerin kümmert sich stellvertretend für die anderen evangelischen Innenstadtgemeinden in besonderer Weise um Bedürftige.

▶ Die evangelische St.-Jakob-Kirche ist montags bis samstags von 9 bis 18 Uhr, sonntags bis 17 Uhr geöffnet, die katholische St.-Elisabeth-Kirche täglich von 8 bis 19 Uhr.

St. Klara und St. Martha

Die Kirchen stehen links und rechts der lebhaften Königstraße und wirken zunächst bescheidener als das Ensemble von St. Elisabeth und St. Jakob. Der erste Blick täuscht.

Die katholische Klarakirche ist die ehemalige Klarissenklosterkirche. Ihre Wurzeln reichen ins 13. Jahrhundert. Als streitbare Äbtissin lebte und wirkte hier Caritas Pirckheimer (1467–1532). Während durch die Reformation alle Klöster in Nürnberg geschlossen wurden, kämpfte sie für den Fortbestand ihres Konvents, bis ihr der Rat der Stadt Nürnberg zugestand, mit ihren Nonnen das Klosterleben dort fortzusetzen. Allerdings durften sie keine Novizinnen mehr aufnehmen. Das Kloster starb 1590 aus (▶ S. 68). Eine wechselvolle Geschichte folgte, bis es 1854 wieder als katholische Filialkirche neu geweiht wurde.

Ihr Gegenüber steht die Kirche St. Martha mit in Europa einzigartig farbenprächtigen Glasfenstern, die um 1390 gestiftet wurden. Sie war in der 2. Hälfte des 14. Jahrhunderts zusammen mit einem Pilgerspital errichtet worden. Da sie während der Reformation nicht gebraucht wurde, schloss man sie 1526 erst einmal. Fast 100 Jahre lang diente ihr Raum für profane Aufführungen wie die Hans-Sachs-Spiele. Von 1578 bis 1620 wurde sie den Meistersingern als Singschule überlassen.

Ab 1627 diente sie als Zielgruppenkirche: Mittwochs predigte man hier den Almosenempfängern, sonntagnachmittags wurden die Kinder im Glauben unterwiesen. 1800 beantragte die evangelisch-reformierte Gemeinde die Nutzung von St. Martha. Am 4. Mai 1800 wurde die erste evangelisch-reformierte Predigt in ihr gehalten.

»Die Glasfenster in St. Martha gehören (...) zum Bau, und sie dienen in keiner Weise dem Kult. Infolgedessen werden diese Glasmalereien auch weiterhin in der reformierten Kirche verbleiben.« Mit dieser Begründung hat sich die reformierte Gemeinde mit ihren Fensterbildern arrangiert – trotz des sonst unter Reformierten üblichen Bilderverbots.

Als die katholische Klarakirche umgebaut wurde, zeigten sich die Reformierten gastfreundlich und ließen die Katholiken bei sich Gottesdienst feiern. Heute kooperieren sie eng mit den lutherischen Gemeinden. Der christlich-jüdische und der interreligiöse Dialog haben hier einen festen Ort gefunden.

▶ Die katholische St.-Klara-Kirche ist in der Regel täglich von etwa 8.30 bis 21 Uhr geöffnet. Die evangelisch-reformierte Kirche St. Martha ist montags und donnerstags von 10 bis 16 Uhr und samstags von 11 bis 13 Uhr geöffnet, an Feiertagen bleibt sie für Touristen geschlossen.

Frauenkirche

Mit den Bildern vom weltberühmten Nürnberger Christkindlesmarkt untrennbar verbunden steht am Hauptmarkt eine Kostbarkeit deutscher Spätgotik, die Frauenkirche.

Die Geschichte dieses Platzes und dieser Kirche sind alles andere als ruhmreich. Anfangs stand hier das Judenviertel mit Synagoge, die sumpfige Lage an der Pegnitz erschien den christlichen Nürnbergern wenig attraktiv. Im November 1349, als sich die Stadt wieder einmal ausbreiten wollte und ein Auge auf dieses Terrain geworfen hatte, wurde das Judenviertel dem Erdboden gleich gemacht. An der Stelle der Synagoge errichtete man die Frauenkirche und weihte sie schon 1358 ein. Heute erinnert ein großer

Davidsstern im Fußboden an diese unheilvolle Vorgeschichte (▶ S. 28).

Als kaiserliche Hofkapelle sollte die Frauenkirche auch die Reichs-Kleinodien aufbewahren und auf einem dafür vorgesehenen Umgang, einer Art Balkon, regelmäßig ausstellen. Allerdings wurden diese Symbole der Macht den erwartungsvollen Augen der Bevölkerung von hier nur einmal seither präsentiert.

Heute blicken jedes Jahr zu Beginn des Nürnberger Christkindlmarktes Tausende gespannt zu diesem Umgang, bis das Christkind den Prolog zur Öffnung »seines« Marktes spricht. Nicht ganz so viele Besucher finden sich dort täglich ein, um die 1509 angebrachte Kunstuhr mit dem »Männlein-Laufen« zu bewundern.

1810 erwarb die katholische Gemeinde diese Kirche. Sie wurde zur katholischen Hauptkirche in Nürnberg. In ihr beginnt die Nürnberger Arbeitsgemeinschaft christlicher Kirchen (ein Zusammenschluss der meisten in Nürnberg vertretenen christlichen Konfessionen) jeweils das neue Jahr mit einem ökumenischen Gottesdienst.

▶ Die katholische Frauenkirche ist täglich von 9 bis 18, freitags nur bis 17, sonntags nach dem Gottesdienst ab 12.30 Uhr für Touristen offen.

Um zwölf Uhr mittags am Hauptmarkt zu bewundern: Die Spieluhr mit dem »Männleinlaufen« erinnert an die Verkündung der Goldenen Bulle von 1356 (von Sebastian Lindenast und Georg Heuß 1509 geschaffen).

St. Sebald und St. Lorenz

Als Nürnberg im 13. Jahrhundert unter den Stauferkaisern aufblühte, wurden die Kapellen nördlich und südlich der Pegnitz zu klein. So begann die Nürnberger Bürgerschaft um 1230 im älteren Teil der Stadt unterhalb der Burg die Sebaldus- und um 1250 im jüngeren Stadtteil die Lorenzkirche zu errichten. Von den Kapellen blieb nichts erhalten, weil man vermutlich bei den repräsentativen Bauten frei agieren wollte. Seit ihrer Grundsteinlegung konkurrieren beide Kirchen miteinander.

Zeitlich war St. Sebald immer einen Schritt voraus. Vorbild für St. Sebald war dabei der Bamberger Dom und im Laufe der Bauzeit mehr und mehr die Klosterkirche in Ebrach. Trotz eines Gewölbes mit Spitzbögen blieb die Kirche ein romanischer Bau. In einer damals kaum noch üblichen Weise wurden zwei Chöre, ein West- und ein Ostchor, eingebaut. Der erste größere Umbau erfolgte im Jahr 1309: Wegen der gewachsenen Bevölkerung wurden die Seitenwände bis auf die Breite

der Querschiffe hinausgeschoben. Wahrscheinlich hat die Lorenzer Bauhütte die Kirche dann im gotischen Stil aufwändig umgebaut.

Die Lorenzkirche war bis dahin in mehreren Bauabschnitten gewachsen, aber noch im Bau. Zuerst von St. Sebald als Vorbild angeregt, wurde St. Lorenz dann unter zunehmenden Einfluss der gotischen Kathedralbauten als dreischiffige Basilika mit Schaufassade gen Westen errichtet. Die künstlerisch überreich verzierte Schmuckwand zwischen den Türmen zeigt die Abkehr vom asketischen Geist der Kirchen, die sich an den Bettelorden ausrichteten, und entfaltet sich in der Hinwendung zum höfisch-repräsentativen Stil, wie er in Böhmen üblich war. Dieser Bau wurde um 1390 vollendet.

Schon um 1350 ahnte man auf der nördlichen Pegnitzseite, dass St. Sebald gegenüber der am Hauptmarkt entstehenden prächtigen Frauenkirche und gegenüber der mächtigen Lorenzkirche abfallen würde. So konzipierte man einen großen, lichten und hohen Ostchor anstelle des bisherigen Ostchores. Nur – die West-Türme waren nun

► Ostermarkt in Nürnberg. Im Hintergrund die Türme von St. Sebald

---

Paulus Lautensack, Organist an St. Lorenz bis 1571, mit Sänger und Zink (Zeichnung, 1579)

Die Orgeln der Innenstadtkirchen

Wichtige Voraussetzung für alle musikalischen und schöpferischen Leistungen vor Einführung der Reformation war der große Aufschwung des Orgelbaus im 15. Jahrhundert. Bis ins 18. Jahrhundert beflügelte er die Nürnberger Kirchenmusik. St. Sebald besaß vermutlich schon 1260 eine größere Orgel. 1440 bis 1442 schuf Heinrich Traxdorf aus Mainz die große Hauptorgel für diese Kirche, die erst 1945 durch den Bombenkrieg zerstört wurde.

St. Lorenz erhielt 1444 durch Melchior Wadel eine Orgel. Ihr folgte 1478 die große »Wunderorgel« von Leonhard Merz, der auch 1479 noch ein Positiv beisteuerte. Leider wurde die Groß-Orgel

bereits 1498 durch eine kleinere ersetzt, weil sich Risse in den Wänden zeigten. Aber nach »Änderung der Religion« – also mit der Reformation – kam als dritte Orgel das Instrument aus dem Dominikanerkloster nach Lorenz.

Noch im 14. Jahrhundert erhielten drei weitere Kirchen ihre Orgeln: St. Katharinen 1362, Frauenkirche 1386 und 1443, Spitalkirche 1345, 1388 und 1477 und Egidien 1460. In die große Orgel der Spitalkirche von 1388 baute »meister Niclas« 1449 den ersten in Europa nachweisbaren Zymbelstern ein. Nürnberg wurde zur deutschen Orgelstadt und so in ganz Europa berühmt.

HERRMANN HARRASSOWITZ

niedriger als das Chordach. Außerdem waren die Lorenzer Türme höher. So wurden 1481 die Sebalder Türme umgebaut und erhöht.

Zwischenzeitlich hatten die Lorenzer in Sachen Ostchor nachgezogen – und natürlich noch größer gebaut. Einen Grund dafür sah man in der einsetzenden Verehrung des Deocarus (Abt von Herrieden und Beichtvater Karls des Großen), dessen Gebeine nach St. Lorenz gekommen waren und für Wallfahrten Anlass gaben. Konrad Konhofer, der Regensburger Domprobst, war dazu als Erster Pfarrer für die Lorenzkirche gewonnen worden und verwirklichte den Bau des Hallenchores ab 1439, der aus dem eher dunklen und engeren Langhaus die Menschen nach vorn ins Licht und in die Weite zieht. Seine Fertigstellung 1477 erlebte er selbst nicht mit. Der gleiche Konhofer hatte auch die offizielle Heiligsprechung des Sebaldus, des Nürnberger Stadtheiligen, durch den Papst erwirkt.

Alleinstellungsmerkmal der beiden großen Nürnberger Kirchen ist die originale reichhaltige Ausstattung an mittelalterlicher und vor allem spätmittelalterlicher Kunst. In den Jahrzehnten vor und nach dem Jahr 1500 hatte Nürnberg eine solch herausragende Stellung in Mitteleuropa, dass unzählige einzigartige Kunstwerke entstanden. In St. Sebald sind dabei besonders die Madonna im Strahlenkranz (1430) und das Grab des Stadtheiligen Sebaldus (1519) von Peter Vischer, in St. Lorenz das Sakramentshaus (1496) und der Engelsgruß (1518) zu nennen. Aber auch in den anderen Innenstadtkirchen finden sich zahlreiche Werke aus den Werkstätten bzw. dem Umfeld von Michael Wohlgemut und Albrecht Dürer sowie von Adam Kraft, Veit Stoß und Peter Vischer.

Konkurrenz und Kooperation sind an den Bauphasen und in der Geschichte von St. Sebald und St. Lorenz auf Schritt und Tritt abzulesen. Noch heute stimmen die beiden großen Kirchen ein hochwertiges Programm mit Gottesdiensten, Kirchenmusik und Kunstführungen miteinander ab.

In St. Lorenz zieht der großartige Raum die Protestanten an, etwa zu den Weihnachtsgottesdiensten. Die anderen beiden evangelischen Innenstadtkirchen St. Egidien und St. Jakob

Die Kirchen bergen wertvolle Kunst. Sie sind aber auch selbst Kunstschätze, wertvoll und teuer.

komplettieren das Angebot der Citykirchen um Kunst und Kultur sowie um sozialdiakonisches Engagement.

▶ St. Sebald ist täglich ab 9.30 Uhr geöffnet, Januar – Februar bis 16 Uhr, März – Pfingsten sowie September – Dezember bis 18 Uhr und Pfingsten – August bis 20 Uhr. St. Lorenz ist täglich von 9 bis 17 Uhr, sonntags von 13 bis 16 Uhr und in der Adventszeit von 9 bis 19 Uhr geöffnet.

Die Nürnberger Kirchen bergen nicht nur Kunstschätze, sie sind Kunstschätze – wertvoll und teuer. In den vergangenen sieben Jahren waren 5 Millionen Euro allein für den Erhalt der Lorenzkirche nötig. Summen, die die Kirchengemeinden und Kirchen selbst nicht allein erbringen können. Dank vieler Spender und Sponsoren wurde die Orgel in der Lorenzkirche so renoviert und erweitert, dass die Instrumente aufeinander abgestimmt sind und die derzeit größte Orgel in einer evangelischen Kirche auf fantastische Weise erklingt.

◄
Portal der Lorenzkirche, von der Karolinenstraße aus gesehen

▶ **DR. JÜRGEN KÖRNLEIN**
ist einer von sechs Nürnberger Dekanen.
Sein Arbeitsschwerpunkt ist
die »Innenstadtkoordination«.

Der schönste Blick

*Keine Fürstenresidenz dominiert die Stadt,
kein Dom. Nürnberg ist eine Stadt
der Bürger, evangelisch im besten Sinn.*

—

VON STEFAN ARK NITSCHE

Seit der Einführung der Reformation 1525 waren immer beinahe hundert Prozent der Nürnberger evangelisch. Nachdem Nürnberg Anfang des 19. Jahrhunderts Teil von Bayern geworden war, hat sich das deutlich verändert. Heute sind es etwas mehr als ein Drittel, ein weiteres Drittel römisch-katholisch. Inzwischen ist auch die ganze Bandbreite christlicher Kirchen in der Stadt vertreten, ebenso wie eine wachsende jüdische Gemeinde und verschiedene muslimische Gemeinden.

Annäherung von außen

Ich bin in der Diaspora aufgewachsen, in der südöstlichsten Ecke Bayerns, nahe der fürsterzbischöflichen Residenzstadt Salzburg, im Schatten barocker Macht- und Prachtentfaltung. Die fürstbischöfliche Festung und der Dom und die Residenz und die Fülle der Kirchen überragten uns. Evangelisch war für mich ein Synonym für anders, nicht ganz dazugehörig, mit wenig Einfluss und Prägekraft, eingewandert in eine schon lang verwurzelte Tradition. Wir fühlten uns ein wenig als Avantgarde.

Als ich zum ersten Mal nach Nürnberg kam, war ich irritiert: Keine Paläste, keine Residenz eines Fürsten, kein alles beherrschender Dom eines Bischofs. Eine Kaiserburg, aber die Stadt wurde nie von da oben regiert. Nürnberg ist nicht durch Kirchenmacht geprägt. Vielmehr sind die Kirchen durch die Nürnberger geprägt. Sie beherrschen nicht den städtischen Raum, sind aber auch nicht leicht zu übersehen. Insbesondere St. Lorenz, die Frauenkirche und St. Sebald stehen an der Hauptachse städtischen Lebens. Bürger dieser Stadt wollten sie, gaben sie in Auftrag, statteten sie aus, ließen sie die Dächer ihrer Wohn-, Handels- und Kaufhäuser überragen, dem Marktplatz ein Gesicht geben.

Die Menschen dieser Stadt prägten diese Kirchen und ließen sich wiederum prägen von dem, was dadurch und darin zu Wort kam.

Blick über die Stadt

Oben auf der Freyung vor der Kaiserburg, auf der Terrasse mit dem vielleicht schönsten Blick Nürnbergs verdichten sich diese ersten Eindrücke noch einmal: Die Kirchen sind eingepasst in die Dächerlandschaft der Bürgerhäuser der Stadt innerhalb des Mauerrings und zugleich individuell erkennbar. Es ist städtebaulich klar, wo welche Funktion ihren Ort hat. Diesseits und jenseits des Rathausplatzes im Ensemble von Altem Rathaus und Sebalder Kirche ist es zum Greifen. Regierung im Rathaus, das man auf halber Höhe mächtig hingesetzt hat; Orientierung in den Kirchen in der Stadt mit den hohen, himmelwärts strebenden Chören.

So betrachtet hat sich Nürnberg nicht nur evangelisch, sondern evangelisch-lutherisch selbst geprägt.

Stadtlandschaft mit Türmen

Nur einzelne Türme gehören einer Versicherung, dienen dem Fernsehen oder gehören zur Energieversorgung der Stadt. Kirchtürme verschiedenster Stilrichtungen und Epochen bis hinein in die Gegenwartsarchitektur sind deutlich in der Überzahl. Sie markieren die Präsenz der Kirchen mitten unter den Menschen. Mehr als ein Drittel davon sind evangelisch. Sie weisen hin auf die achtundvierzig Kirchengemeinden Nürnbergs.

Ein zweiter Blick: Manche der Türme gehören zu alten Dorfkirchen. Früher lagen sie draußen, Wegstrecken entfernt, heute sind sie längst zusammen mit ihren Dörfern umarmt von der wachsenden, raumgreifenden Stadt. Nur eines ist ein Dorf geblieben und auch der neue Flughafen hat es respektiert, im Norden der Stadt: Kraftshof und seine Kirche St. Georg. Hier kann man noch sehen, wie es einmal war.

Die Kirchen suchten zusammen mit den Menschen in den ehemaligen Dörfern einen Weg, Städter zu werden. Man sah die Spuren dieser Arbeit noch lange, oft auch im Festhalten an liebgewordenen Traditionen und zugleich im Ringen um neue Formen im Gottesdienst oder in der Gemeindearbeit.

Nicht wenige der Kirchen und Kirchengemeinden teilten mit der Stadt die Zerstörung in den Bombennächten des 2. Weltkriegs. Mit manchem Dachstuhl verbrannte damals auch Überkommenes und nach dem Krieg wurde häufig schlichter, weniger überladen durch die Vergangenheit, wieder aufgebaut. »Vor Ort, nah bei den Menschen sein« heißt hier: aushalten, dableiben, innerlich mitgehen.

In der Südstadt ragen neugotische und neuromanische Kirchtürme hoch hinauf. Als die rasend schnell aufbrechende Industrialisierung die Stadt sich nach Süden dehnen ließ, entstanden zwischen Fabriken und Schloten Arbeiterquartiere. Da wuchsen in rascher Folge auch neue Kirchengemeinden, entstanden neue, große Kirchen. Backsteinbauten für Tausende und eine Suche nach ganz neuen Formen

Gustav-Adolf-Gedächtniskirche, Innenstadtgürtel Süd

von Kirche-Sein. In Sichtweite beinahe standen sie und waren an den wichtigen Tagen des Jahres doch bis zur letzten Bank gefüllt.

Heute wohnen andere in den Quartieren. In manchen Straßenzügen sind nur noch ein Drittel Christen. Neue Herausforderungen zeichnen sich ab im Miteinander von Menschen unterschiedlichster kultureller Prägungen und religiöser Verwurzelung. Die Gemeinden bauen ihre zu groß gewordenen Kirchen um. Neue Räume entstehen in den Bauten, kleiner, beheizbar, richtig ausgestattet, vielfältig nutzbar für vieles, was die Menschen des Quartiers brauchen, damit sie und ihre Kinder Zukunft haben.

Als man später Arbeitsplätze und Wohnlagen wieder stärker getrennt baute, drängte die Stadt weiter nach außen, in die freien Räume zwischen die ehemaligen Dörfer: im Westen entlang der frühen Eisenbahnverbindung nach Fürth, im Nordwesten und Nordosten, schließlich auch im Osten. Die Landschaft der Türme, die aus der Stadt ragen, komplettiert sich langsam. Zugleich: Präsenz in der Arbeitswelt. Man entwickelte Formen der Betriebsseelsorge, daraus wurde der heutige Kirchliche Dienst in der Arbeitswelt.

Nie in diesen individuellen Geschichten prägte eine glanzvoll mächtige Kirche ein Dorf, einen Stadtteil, ein Quartier. Immer waren es Menschen, die sich einen besonderen Ort suchten, erbaten, erbettelten oder forderten und dann auch mit Leben füllten, pflegten und weitergaben an die nächste Generation; einen Ort, der aus dem Treiben der Stadt herausgehoben war. Die Kirchtürme, die vom Burgberg aus zu sehen sind, markieren Orte, an denen Menschen Grund für ihr Leben finden. Wo ihnen dieser Grund, ihr Gott, begegnet im Hinhören auf Sein Wort und im Feiern Seiner versprochenen Gegenwart, baut sich nach evangelischem Verständnis Kirche und werden Kirchen gebaut. Die sehen dann so aus, wie der jeweilige Ursprung und die aktuellen Herausforderungen es erfordern.

Über den Kirchturm hinaus

Neben den drei Innenstadtkirchen gab es vor der Reformation auch Klöster, oft ebenfalls mit Kirchbauten, innerhalb der Mauern und draußen vor den Toren. Jedes hatte einen speziellen Auftrag: Kranke und Sterbende pflegen, Reisende und Pilger beherbergen, Arme speisen, in Predigten auf Deutsch Klartext zu reden oder die Welt, die Stadt und die Menschen ins Gebet zu nehmen. Mit der Entscheidung der Stadt, nach einer öffentlichen theologischen Debatte die Reformation einzuführen, übernahmen die Stadt, ihre Bürger und ihre Kirchen diese Verantwortung für das Gemeinwesen. Als neue große Aufgabe kam die Bildung hinzu. Die Stadt wurde so, was im Selbstverständnis ihrer Bürger schon lange herangereift war: evangelisch.

Vom Burgberg her erkennt man nicht, welches Dach solche kirchlichen und diakonischen Dienste beherbergt. Nürnberg ist die Stadt in Bayern mit der größten Dichte solcher Verankerung der evangelischen Kirche in allen Lebensfeldern ihrer Mitglieder, quer durch alle gesellschaftlichen Bereiche.

Nahe der Sebalduskirche, dem Rathaus gegenüber, gibt es das Dach des »Eckstein«, unter dem eine Vielzahl solcher Dienste beheimatet sind: das Haus der Kirche mit der profilierten evangelischen Stadtakademie und dem »I-Punkt« – das kirchliche Pendant zur Touristeninformation.

Im Foyer der Jakobskirche findet man die »Offene Tür«, eine unkomplizierte Anlaufstelle für alle, die ein Gespräch und Seelsorge suchen. Und neben der Lorenzkirche entsteht ein neues offenes kirchliches Haus. Hier erhält die globale Dimension weltweiter kirchlicher Partnerschaften ebenso ein neues Zuhause wie das Bibelerlebnishaus und die Touristenseelsorge.

Wie evangelisch ist Nürnberg?

Die Stadt ist nicht durch Fürsten geprägt und nicht durch Institutionen,
auch nicht durch Kirchen, sondern
durch ihre Bürger. Und viele von ihnen
waren oder sind evangelisch-lutherische Christinnen und Christen, ihrer-
seits geprägt durch die christliche Botschaft des Evangeliums von der be-
dingungslosen, voraussetzungslosen
Menschenliebe Gottes und der unver-
äußerlichen Würde aller seiner Menschen auch in extremsten Situationen
des Scheiterns. Das in der eigenen
Stadt zur Sprache zu bringen und das
eigene Handeln bestimmen zu lassen,
ist evangelisch. Der Nachteil eines solchen Kirchenverständnisses ist zugleich die Stärke: Nur solange Menschen bereit sind, ihre Glaubensüber-
zeugungen auch einzubringen ins Gefüge einer Stadt, einer Gesellschaft,
entfaltet die Prägekraft der evangelischen Botschaft ihre Wirkung.

▶ **DR. STEFAN ARK NITSCHE**
ist Oberkirchenrat im Kirchenkreis
Nürnberg. Er übt sein Amt als Regionalbischof des Kirchenkreises in Stellen-
teilung mit seiner Frau Elisabeth Hann
von Weyhern aus.

Kirche und Stadt

Bibelmuseum in der Bibelstadt

Nürnberg ist die Druckerstadt für Bibeln – schon vor der Reformationszeit und danach bis etwa 1900. Als um das Jahr 1800 der Bibeldruck der Firma Endter zum Erliegen gekommen war, entstand der »Bayerische Central-Bibelverein«. Ab 1823 verbreitete er von Nürnberg aus Bibeln im evangelischen Bayern. Inzwischen wird die Lutherbibel nicht mehr von Nürnberg, sondern von Stuttgart aus vertrieben. Der Zentralbibelverein wirkt aber noch in Nürnberg. Im Lorenzer Zentrum am Lorenzer Platz betreibt er ein Bibel-Erlebnis-Haus und einen Bibel-Buchladen.

Führungen bietet das Bibel-Erlebnishaus durch die einzige Erlebnisausstellung zur Bibel in Bayern. Altes und Neues Testament werden interaktiv und multimedial präsentiert.

Bibel-Erlebnis-Haus, Lorenzer Platz 10a, 90402 Nürnberg, www.bibel-erlebnis-haus.de, Tel.: 0911 / 205 95 72, Fax: 0911 / 205 95 71, E-Mail: bibel-erlebnis-haus@ek.nuernberg.de. Geöffnet werktags 10 bis 17 Uhr, samstags 11 bis 17 Uhr, an Sonn- und Feiertagen geschlossen. Eintritt 2 bis 3 € pro Person, Führungsaufschlag: 0,50 € pro Person, Gruppen nur mit Anmeldung unter 0911 / 241 81 87

Eckstein und Infoladen

Wer die Burgstraße hinauf unterwegs ist zu den Sehenswürdigkeiten der Altstadt, sollte im »Eckstein« haltmachen. Es ist seit 1997 das Haus der evangelisch-lutherischen Kirche in Nürnberg: für Erwachsenenbildung, als Kommunikationszentrum, als Gemeindehaus von St. Sebald und vieles mehr. Im »Landauer« kann man sich ausruhen und etwas trinken. Vor dem Umbau zum Haus der Kirche diente das Gebäude 400 Jahre der Bibeldruckerei und dem Verlag der Familie Endter, später der Druckerei Tümmel.

Vor allem aber ist das Haus am Eck der »i-Punkt«, der evangelische Infoladen für Kirchenkonzerte, Aktionen der Touristenseelsorge, besondere Kirchenführungen und alles andere, was das kirchliche Nürnberg betrifft. Und mit Kartenvorverkauf für viele kirchliche Veranstaltungen!

i-Punkt, Burgstraße 1-3, 90403 Nürnberg, Erdgeschoss, Tel: 0911 / 214 21 40, Geöffnet Montag bis Freitag 9 bis 17 Uhr; Mittwochs (außer in den Ferien) 9 bis 19 Uhr, Samstag, Sonntag und an Feiertagen geschlossen. An den vier Adventssamstagen von 10 bis 16 Uhr geöffnet.

Alles schwätzt, einer schweigt: Nürnberger Inszenierung von »Schweig Bub«

Die Luthertour

Eine Gruppenführung »... wider Laster und Sünde« durch die Stadt stellt die Nürnberger Reformatoren und deren Gegner vor, zeichnet ein Bild vom humanistisch geprägten Geistesleben der Stadt und zeigt, wie sich das reformatorische Gedankengut auf Kunst und Kultur, auf Politik, Verwaltung und Alltag auswirkte.

Congress- und Tourismuszentrale Nürnberg, Postfach 4248, 90022 Nürnberg, telefonische Buchung: 0911 / 233 61 24, Fax: 0911 / 233 61 66, E-Mail: tourismus@nuernberg.de www.tourismus.nuernberg.de

Reformationsdekade

Vorbereitung auf das 500. Jubiläum von Martin Luthers Thesenanschlag am 31. Oktober 2017, der Initialzündung für die Reformation in Deutschland. Die Kirchenleute stimmen sich ein: mit Konzerten, Ausstellungen, Kunstaktionen, Vorträgen und anderem. Alle bayerischen Aktivitäten werden von Nürnberg aus koordiniert. Das Dekanat Nürnberg selbst plant jährlich Vorträge und Seminare in Zusammenarbeit mit der Evangelischen Stadtakademie.

Lutherdekade in Bayern, Kontakt: Pfarrer Christian Düfel, Tel.: 0911 / 214 23 49, Fax: 0911 / 214 23 48, E-Mail: reformationsdekade@elkb.de

Evangelische Stadtakademie Nürnberg, Kontakt: Burgstraße 1-3, 90403 Nürnberg, Tel.: 0911 / 214 21 21, E-Mail: stadtakademie@eckstein-evangelisch.de, www.evangelische-stadtakademie-nuernberg.de

Fressen, Saufen, Schwatzen – vorbei!

Schade. Nach über dreißig Jahren hat das Staatstheater Nürnberg einen Klassiker aus dem Programm genommen. »Schweig Bub!« heißt das Erfolgsstück. Eine kleinbürgerliche Konfirmationsfeier, die Erwachsenen essen, trinken und schwatzen im schönsten Nürnberger Dialekt, nur der Geehrte kommt nicht zu Wort. Das humorvolle Bühnenstück von Fitzgerald Kusz (1976) ist bereits in viele andere deutsche Dialekte übersetzt.

www.kusz.de/33_jahre.php

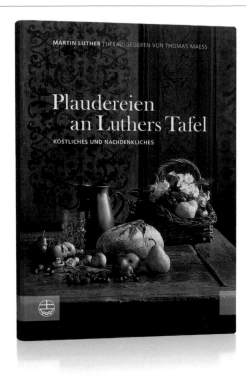

Martin Luther
Plaudereien an Luthers Tafel
Köstliches und Nachdenkliches
Herausgegeben von Thomas Maess

120 Seiten | Hardcover
EUR 14,80 [D]
ISBN 978-3-374-02804-7

Luthers Tischreden sind legendär. Generationen von christlichen Familien, von Theologen, von Sprachforschern und Dichtern haben aus dem Schatz der Tischreden Köstliches geschöpft. Sie sind eine reichhaltige Quelle für theologische Dispute, für Volkswitz und Volksweisheit, für Zitatenbücher und deftige Sprüche. Und was er sagte, hat Jahrhunderte überdauert – es fand Eingang in unsere Sprachkultur und überzeugt noch immer in seiner Klarheit, Prägnanz und Treffsicherheit. Luthers Reden haben sich tief ins Volksgedächtnis eingeprägt und so lohnt es sehr, eine Auswahl davon in diesem Büchlein aufs Feinste angerichtet neu zu präsentieren.

Impressum

NÜRNBERG
ORTE DER REFORMATION
Journal 1

Herausgegeben
von Hartmut Hövelmann
und Stefan Ark Nitsche

Die Deutsche Bibliothek verzeichnet diese Publikation in der Deutschen Nationalbibliographie; detaillierte bibliographische Daten sind im Internet über http://dnb.ddb.de abrufbar.

© 2011 by Evangelische Verlagsanstalt GmbH · Leipzig
Printed in EU · H 7429

IDEE ZUR JOURNALSERIE
Thomas Maess und Johannes Schilling

REDAKTION:
Burkhard Weitz

COVERENTWURF:
NORDSONNE IDENTITY,
Berlin

COVERBILD:
Olaf Tiedje, Nürnberg

LAYOUT
NORDSONNE IDENTITY,
Berlin

ISBN 978-3-374-02848-1
www.eva-leipzig.de

Bildnachweis

Shutterstock: U2/U3
Hintergrundbild
Rolf Öser: S. 1
Birgit Fuder/Stadt Nürnberg:
S. 2, 8-9, 85 (2009); 4-5, 6-7; 23
(2008); 17 (2007)
Ralf Schedlbauer/Stadt Nürnberg:
S. 2, 84 (2008); 81 (2007)
Germanisches Nationalmuseum,
Nürnberg: S. 3, 38-39, 55
Olaf Tiedje: S. 3, 10, 18, 19, 28-31,
74-75, 87, 90-93, (2x) 94
Christine Dierenbach/Stadt
Nürnberg: S. 11 (2002)
NORDSONNE IDENTITY: S. 10-11,
14-15, 94-95 (Illustration/
Hintergrundbild)
Uli Kowatsch/CTZ Nürnberg:
S. 20, 24, 36; 26,32-33 (2005);
76-77 (2002); 80, 82, 88 (2008)
Christine Dierenbach/Stadt
Nürnberg: S. 21 (2004)
Stadt Nürnberg: S. 22 (2006)
picture-alliance/dpa: S. 25, 27, 29
Thomas Schlick, juden-im-
nuernberger-land.de (Stand
Januar 2011): S. 31
Stadtbibliothek Nürnberg: S. 35,
45, 47, 48, 49, 60, (2x) 62, 63, 64,
(2x) 65, 73

iStockphoto: S. 36-37
(Hintergrundbild)
Museen der Stadt Nürnberg,
Gemälde- und Skulpturen-
sammlung: S. 41
Museen der Stadt Nürnberg,
Graphische Sammlung: S. 44
Helmuth Theobald, Sammlung
kunst-kreativ.de: S. 43
Stadtarchiv Nürnberg: S. 53,
65, 66, 69
Jutta Missbach: S. 56
epd-bild: S. 58, 68
Bayrische Staatsbibliothek
München: S. 60-61
Roland Morlock: S. 70
Andreas Praefcke : S. 71, 79
iStockphoto: S. 72-73
St. Egidien: S. 83
Horst Strobel, Landshut: S. 92
Marion Bührle: S. 95
Renate Schmidt: U3
Universität Erlangen: S. 86
Mohr Siebeck: S. 54
Vandenhoeck & Ruprecht: S. 54
W. Tuemmels Verlag Nürnberg: S. 72
Verlag Schardt: S. 72
Emons Verlag: S. 72
Verein für Geschichte der Stadt
Nürnberg – Stadtarchiv: S. 73